W0023571

Zauberhafte Märchen

Bambi · Micky Maus · Schneewittchen · Merlin und Mim

Unipart -Verlag · Stuttgart

Unipart-Verlag GmbH
Remseck bei Stuttgart, 1992
Genehmigte Lizenzausgabe

Sammelband unter Verwendung
von Geschichten aus der
Serie: Walt Disney „Toray“

ISBN 3 8122 3165 4

Bambi

Die ersten Sonnenstrahlen drängten sich durch die Zweige der Bäume und verkündeten einen neuen Tag.

„Es ist geschehen!" zwitscherte ein Vögelchen fröhlich. „Der Prinz des Waldes ist zur Welt gekommen!"

Mit seinem aufgeregten Gezwitscher hatte es alle Waldbewohner aufgeweckt, die aus ihren Nestern und Höhlen hervorkamen, um sich sofort an die Stelle zu begeben, wo das Ereignis stattgefunden hatte.

Ein Häschen sonderte sich von der Gruppe ab und sprang auf einen hohlen Baumstamm, der dort im Gras lag, um mit seinen Hinterläufen darauf herumzutrommeln, während es noch gleichzeitig rief:

„Er ist zur Welt gekommen!"

Am Rande einer kleinen Waldlichtung, von herunterhängenden Ästen beschützt, lag ein wunderschönes Reh, und an seiner Seite schlief zusammengekuschelt ein Neugeborenes. Es war ein rührender Anblick.

„Meine herzlichsten Glückwünsche! Es ist ein wunderhübsches kleines Reh! Ich wünsche ihm viel Glück im Leben!"

„Ich danke dir", erwiderte die Mutter und blickte zärtlich auf ihr Junges. „Ja, ich glaube, es ist wirklich hübsch."

Klopfer, das Häschen, beschnupperte den neuen Waldprinzen.

„Wie soll er denn heißen?" fragte das Häschen.

„Ich werde es Bambi nennen!"

„Bambi? O ja! Das ist ein hübscher Name. Alles Gute, Bambi, und willkommen im Wald."

Das kleine Rehlein blickte um sich und beobachtete alle mit großen Augen.

Nach und nach verabschiedeten sich alle Besucher, nur Klopfer blieb noch stehen und fragte die Mutter. „Darf ich morgen wiederkommen? Ich möchte gerne sein Freund sein."

„Natürlich, Klopfer! Ich bin sicher, daß Bambi sich freuen wird."

Die nächsten Tage lernte Bambi gehen und sprechen und begann, unter den wachsamen Augen seiner Mutter, unsicher durch den Wald zu staken. Alles war neu für ihn und wurde neugierig untersucht.

„Hallo, Bambi!" begrüßte ihn Klopfer, der wie jeden Tag vorbeikam, um nach Bambi zu schauen. „Möchtest du einen Spaziergang mit mir machen?"

Das kleine Reh fragte seine Mutter um Erlaubnis und lief dann hinter Klopfer und seinen Hasengeschwistern her.

„Komm, lauf' mir nach!" rief Klopfer. „Ich werde dir eine Stelle zeigen, die du bestimmt noch nicht kennst. Sie wird dir gefallen."

Klopfer und seine Geschwister waren so freundlich zu Bambi, daß er bald nicht mehr scheu war und mit ihnen herumtollte –

manchmal purzelte er dabei allerdings auch hin, was aber niemanden störte.

Im Lauf des Tages lernte Bambi viele andere wunderbare Sachen kennen, die es im Wald gab, und lernte ihre Namen.

Klopfer, der Hase, und Blume, das Stinktier, strengten sich sehr an, Bambi die verschiedenen Bäume, Blumen und Tiere zu erklären. Sie zeigten ihm Schmetterlinge und Tannenbäume, verschiedene Käfer und andere Tiere des Waldes. Zufrieden stellten sie fest, daß ihr Freund ein guter Schüler war und schnell begriff.

„Du bist fabelhaft, Bambi!" rief Klopfer begeistert.

„Warte nur, wie sich deine Mutter freuen wird, wenn du ihr erzählst, was du schon alles weißt. Aber jetzt wird es bald dunkel.

Wir werden dich zu ihr zurückbringen, damit du dich ausschlafen kannst. Morgen ziehen wir dann wieder zusammen los."

Am nächsten Tag wollte Bambi schon frühmorgens zu seinen Freunden laufen.

„Heute kannst du nicht gehen", sagte die Mutter. „Ich möchte, daß du mit mir kommst... Es gibt da jemanden, der dich kennenlernen will."

Folgsam begleitete Bambi seine Mutter durch den Wald, bis sie zu einer großen, grasbewachsenen Waldlichtung kamen, auf der sich mehrere Rehe mit ihrem Nachwuchs versammelt hatten.

„Auf wen warten wir denn?" fragte Bambi neugierig. „Das wirst du schon sehen, wenn es soweit ist. Spiel' jetzt ein bißchen, aber lauf' nicht zu weit weg."

3

Das kleine Reh tollte herum, jagte den Schmetterlingen nach, die vor seinem Näschen herumflatterten, und schnupperte am feuchten Gras.

Schon ein wenig müde, kam es zu einem Fluß. Das Wasser war kristallklar, und Bambi beugte sich darüber, um zu trinken. Dabei betrachtete er vergnügt sein Köpfchen, das sich im Wasser spiegelte. Dann fiel ein Tropfen von seiner Schnauze auf die Wasseroberfläche, und das Spiegelbild Bambis löste sich mit kreisförmigen Wellen auf.

„Fantastisch!" rief Bambi aus.

Als sich das Wasser beruhigt hatte, stellte Bambi mit Erstaunen fest, daß sich dort zwei Köpfe spiegelten, anstatt einem.

„Hallo, Bambi!" sagte ein Stimmchen neben ihm. Er hob erschrocken den Kopf und stieß dabei fast mit einem kleinen Reh zusammen, das neben ihm stand.

„Ich heiße Falina", sagte es.

„Du bist Bambi, nicht wahr?"

Unser Freund nickte mit dem Kopf, denn er brachte kein Wort heraus!

„Willst du mit mir spielen?" fragte Falina. „Willst du mein Freund sein?"
Bambi nickte schüchtern mit dem Köpfchen. „Dann laß uns miteinander spielen!" rief Falina und machte einen Luftsprung. „Wetten, daß ich schneller bei diesem großen Baum dort bin als du."
Bambi lief seiner neuen Freundin nach, so schnell es ihm seine langen Beine erlaubten. Er mußte beweisen, daß er der Stärkere war! Wie ein Pfeil schoß er an Falina vorbei, und als diese am Baum ankam, wartete Bambi dort schon ein Weilchen auf sie. „Du bist fabelhaft, Bambi!" rief Falina bewundernd. „Ich habe noch nie ein junges Reh gesehen, das so schnell laufen kann wie du."

Noch jemand hatte aufmerksam den Wettlauf beobachtet. Zwischen den Bäumen des Waldes tauchten mehrere Hirsche mit mächtigen Geweihen auf, und an ihrer Spitze stand der Anführer der Gruppe. Er war so groß und stark, daß Bambi von seiner majestätischen Erscheinung ganz beeindruckt war.
„Es ist der König des Waldes!" flüsterte Falina. Der mächtige Hirsch sonderte sich von der Gruppe ab und ging direkt auf Bambi zu, um ihn einige Augenblicke lang genau zu betrachten. Bambi wagte nicht, sich zu bewegen und konnte die Augen nicht von dem Hirsch wenden, der ihn prüfend betrachtete.

Plötzlich hörte man in der Ferne so etwas wie einen Donnerschlag.

Der Waldkönig rief: „Die Jäger! LAUFT!" Bambi spürte die Angst der großen Tiere, die wie wild flüchteten und dabei über ihn sprangen. „Lauf, Bambi!" sagte der Anführer der Herde und stellte sich zu ihm. „Ich werde dich beschützen."

An der Seite des Waldkönigs fühlte sich Bambi in Sicherheit und lief. Er lief wie noch nie; aber diesmal nicht, um zu beweisen, daß er stark war, viel stärker als irgendein anderes Reh seines Alters. Bambi lief um sein Leben.

Als sich Bambi in jener Nacht an seine Mutter kuschelte, um zu schlafen, ging ihm die Erscheinung des Waldkönigs nicht aus dem Kopf.

„Mutti, wer ist dieser Hirsch, der mir bei der Flucht geholfen hat? Er hat mich so seltsam angesehen..."

„Er ist der Stärkste und Klügste von allen", erwiderte die Mutter. „Darum ist er der König des Waldes. Eines Tages, wenn du groß bist und viel lernst, wirst du sein wie dein Vater."

Es war schon längst Nacht geworden, und die Augen fielen Bambi zu.

Als Bambi eines Morgens aufwachte, hatte sich der Wald verändert. Wo früher Laub war, lag jetzt eine weiße Decke, die sogar die großen Bäume überzog.

„Mutti, schau! Der ganze Wald ist weiß...“
„Das ist Schnee, mein Kind! Es ist wirklich schön, nicht wahr?“

Bambi bemerkte den traurigen Tonfall in der Stimme seiner Mutter nicht, die wußte, daß mit dem ersten Schneefall die schwere Jahreszeit für sie begann.

Von nun an würden sie weniger Futter finden, und die Ältesten und Schwächsten unter ihnen würden den nächsten Frühling nicht erleben.

Bambi ging zu dem kleinen See und kam aus dem Staunen nicht mehr heraus, als er Klopfer auf dem Wasser herumhopsen sah.

„Er ist zugefroren!“ rief das Häschen und trommelte mit seinen Hinterläufen aufs Eis.

„Komm, Bambi, laß uns eislaufen!“
Das kleine Reh schaute ein Weilchen zu, wie sein Freund über das Eis rutschte. Dann stellte es ein Beinchen auf das Eis und... plumps, fiel es bäuchlings auf die glänzende Oberfläche des Sees.

Klopfer konnte sich vor Lachen nicht halten, als er sah, wie sich sein Freund mit allen Kräften bemühte, auf die Beine zu kommen und es einfach nicht schaffte.

„Lach' nicht, und hilf mir lieber!“ protestierte Bambi. „Ich kann nicht aufstehen und werde mir noch alle Knochen brechen!“

Klopfer löste das Problem, indem er Bambi von hinten anschob, bis seine Beine im weichen Schnee Halt fanden.

Sobald Bambi endlich wieder festen Boden unter den Füßen hatte, versprach er sich, den Rest seines Lebens nie wieder aufs Eis zu gehen.

Je weiter der Winter vorrückte und je härter
er wurde, desto weniger gefiel Bambi der
Schnee. Am Anfang konnte die Mutter von
Bambi noch den Schnee wegkratzen, um
den Boden freizulegen, auf dem Reste von
trockenem Gras zu finden waren.
Aber jetzt mußten sie sich mit dem Moos
begnügen, das sie von den Felsen kratzten;
oder mit den Rinden, die Bambis Mutter für
sie beide von den Bäumen biß, wobei sie die
zartesten und saftigsten Stücke für Bambi
übrig ließ. Doch der Hunger wurde mit
jedem Tag größer.
Eines Morgens, als der Himmel besonders
grau war, merkte Bambi, daß seine Mutter
nervös war. Bei jedem Schritt schnupperte
sie im Wind.

„Bambi, hör' mir gut zu: Wenn ich dir sage, daß du laufen sollst, dann laufe, so schnell du kannst!" sagte sie dann.
Gegen Mittag wurde die Mutter von einem Lärm alarmiert, der von der anderen Seite der großen Wiese kam. „Lauf in den Wald hinein, Bambi!" schrie sie. „Schau nicht zurück, egal, was du auch hören magst!"
Bambi galoppierte auf die Bäume los, während er die Hufe seiner Mutter hinter sich vernahm. Plötzlich hörte er wieder diesen sonderbaren Donnerschlag, den er schon einmal gehört hatte.
„Mutti?" rief Bambi und sah sich um.
„Mutti, wo bist du?" Niemand antwortete.

Da hörte Bambi, wie Schritte sich ihm näherten, und sein Herzchen schlug höher. Aber es war nicht seine Mutter, die herankam; es war der König des Waldes.
„Deine Mutter wird nicht mehr wiederkommen, Bambi", sagte er mit trauriger Stimme. „Komm mit mir, von jetzt an werde ich auf dich aufpassen."

Mit dem Frühlingsbeginn verschwand auch der letzte Schnee, und der Boden überzog sich mit grünem Gras. Die Natur zeigte sich in ihrer ganzen Pracht, und neues Leben erwachte überall im Wald.

Ein prächtiger junger Hirsch rieb sein Geweih an der Rinde eines Baumes und versuchte, sich den restlichen Bast abzustreifen. „Bambi!" rief ein Stimmchen neben ihm. „Hast du dich aber verändert!"

„Klopfer! Wie schön, dich wiederzusehen! Du bist auch viel größer geworden. Jetzt fehlt nur mehr Blume, damit wir wieder alle drei zusammen sind."

„Hier bin ich!" rief das Stinktier und tauchte zwischen den Bäumen auf. „Übrigens, kann mir jemand erklären, was hier los ist? Ich finde, die benehmen sich alle so sonderbar..." Und dabei zeigte Blume auf die Vögel, die zärtlich miteinander schnäbelten. „Sie sind verliebt", erwiderte Bambi. „Der alte Uhu hat es mir erklärt. Anscheinend ist das in jedem Frühling so. Es wird ihnen ganz komisch ums Herz, und dann werden sie nervös ... und so."

„Was für ein Unsinn!" lachte Blume. „Mir wird so etwas nie passieren."

Da steckte ein wunderhübsches Stinktierfräulein ihr Näschen hinter einem Baum hervor und zwinkerte Blume mit ihren langen Wimpern zu. Bambis Freund spürte, wie ihm das Herz höher schlug, er schaute zu seinen Freunden hin... und lief seiner hübschen Artgenossin nach.

„Hast du das gesehen?" rief Klopfer. „Komm, mein Freund! Es steht fest, daß wir die einzigen sind, die widerstehen! Wir lassen uns von keinem Fräulein um den Finger wickeln, auch wenn es noch so lange Wimpern hat."

Da hörten sie ganz in der Nähe ein Kichern... Und Klopfer blieb wie angewurzelt stehen, um verzückt ein verführerisches Hasenfräulein zu bewundern. Er wurde fürchterlich nervös und klopfte noch schneller als gewöhnlich mit seinem rechten Hinterbein auf den Boden.

Er sah Bambi schuldbewußt an, um seine Blicke gleich wieder auf die schöne Häsin zu richten, die auf ihn zu warten schien. Er seufzte auf, wurde ganz rot... und, ohne ein Wort zu sagen, lief er ihr nach.

Bambi fühlte sich ziemlich alleingelassen.

„Mir können solche Sachen nicht passieren!" rief er.

Er ging zu einer ruhigen Stelle am Fluß, um dort seinen Durst zu stillen.

Als er den Kopf über das Wasser beugte, dachte er daran, wie er hier einst Falina kennengelernt hatte.

„Hallo, Bambi", sagte plötzlich eine Stimme hinter ihm. „Erinnerst du dich nicht mehr an mich?"

Der junge Hirsch richtete sich auf und blieb wie versteinert stehen. Neben ihm stand Falina. Aber was für eine Falina! Sie hatte sich in das wunderbarste Geschöpf verwandelt, das er je gesehen hatte.

Falina ließ ein helles Lachen erklingen und lief davon. Bambi folgte ihr mit großen Sprüngen und fühlte sich auf einmal wie im siebten Himmel.

Es kam ihm vor, als hätte er Musik in den Ohren; alles kam ihm schöner vor; die Blumen hatten noch leuchtendere Farben... Ja, er war hoffnungslos verliebt!

Einer hinter dem anderen tollten sie fröhlich über den steilen Berghang; sie sprangen über Bächlein und liefen Zickzack zwischen den Bäumen hindurch. Mit ihrem fröhlichen Lachen verkündeten sie in alle Windrichtungen, wie glücklich sie waren.

Plötzlich aber tauchte die dunkle Gestalt eines jungen Hirsches zwischen Falina und Bambi auf. Er war etwas größer als unser Freund und richtete sein Geweih drohend auf Bambi.

Der Fremdling nahm eine herausfordernde Haltung an, denn er wollte Bambi das Weibchen streitig machen, wie es unter Hirschen üblich ist. Sein böser Blick ließ das glückliche Pärchen erstarren.

„Falina, komm mit mir", knurrte der Fremdling und machte einen Schritt nach vorne, während er mit seinem spitzen Geweih drohte. Bambi stand vor Überraschung wie angewurzelt da. Er hatte noch nie gekämpft und auch nie gedacht, daß es eines Tages so weit kommen würde. Der Rivale hielt Bambis Haltung für Feigheit und versuchte, Falina in den nahen Wald zu drängen.

Doch nachdem sich Bambi von der ersten Überraschung erholt hatte, begann ihm das Blut in den Adern zu kochen, und wild stürzte er sich auf seinen Herausforderer. Der Zusammenstoß war fürchterlich. Die Geweihe prallten mit lautem Krachen aufeinander, und beide Kämpfer setzten ihre ganzen Kräfte ein. Falina beobachtete mit aufgerissenen Augen entsetzt den wilden Kampf und hoffte inbrünstig, daß ihr geliebter Bambi siegen würde.

Mit einem mächtigen Seitenstoß warf der Eindringling unseren Freund zu Boden und stürzte sich mit seinem spitzen Geweih auf ihn. Im letzten Augenblick sprang Bambi wieder auf die Beine, bereit, den Kampf von neuem aufzunehmen.

Diesmal griff Bambi an. Der neue Zusammenprall war noch heftiger als vorher. Aber jetzt versicherte sich Bambi, daß ihn sein Gegner nicht überraschen konnte und verankerte dessen Geweih fest mit dem seinen. Dann schob er mit aller Kraft, die Beine fest in den Boden gerammt und alle Muskeln bis aufs äußerste gespannt. Nach und nach wich sein Feind zurück. Zuerst einen kleinen Schritt, dann noch einen, und noch einen... Bambi ließ ihn nicht mehr entkommen und war sich seines Sieges sicher. Schließlich fanden die Beine seines Gegners keinen Halt mehr, und mit einem Schreckensschrei rollte er den steilen Abhang hinunter. Falina war vom Ende des schweren Kampfes sehr beeindruckt.

Bambi ging auf den Abgrund zu, um nachzusehen, wie es seinem Rivalen ergangen war. Er sah, wie sich dieser im Talgrund unter Schwierigkeiten wieder aufrichtete und humpelnd und gedemütigt im Dickicht des Waldes verschwand.

Falina näherte sich ihrem Gefährten, und ihr Herz klopfte vor Glückseligkeit.

„Du hast gesiegt", sagte sie bewundernd. „Ich wußte, daß du es schaffen würdest!" Bambi machte keine Bemerkung über den Kampf. Es war etwas, was geschehen mußte, und so war es gekommen.

Mit Falina an der Seite ging er dann auf den Wald zu, und kurz darauf waren sie zwischen den Bäumen verschwunden.
Während der nächsten Tage waren Bambi und Falina das glücklichste Pärchen im Wald. Nichts konnte ihr Glück stören. Das Wetter war herrlich, und alles schien zum Leben einzuladen. Von Zeit zu Zeit begegneten sie Klopfer mit seiner Gefährtin, oder dem nicht weniger glücklichen Blume mit seinem Weibchen; aber immer kehrten sie schon bald in ihren Unterschlupf zurück, bis eines nachts... Bambi war unruhig, aber er wußte nicht warum. Falina schlief friedlich an seiner Seite, und es wehte eine sanfte Brise. Nichts schien den Frieden zu stören, aber trotzdem lag etwas Unbeschreibliches in der Luft, was ihn nicht schlafen ließ.

Bambi witterte Gefahr! Er erhob sich und kletterte leise auf einen Hügel, von dem aus er das ganze Tal überblicken konnte. Da entdeckte er auch die Ursache seiner Unruhe. Denn dort unten war ein Menschenlager mit mehreren Zelten, die um ein Feuer herum aufgeschlagen waren.
„Die Jäger sind zurückgekommen", flüsterte er.
Da hörte er, wie sich Schritte näherten, und ohne hinzusehen wußte er, daß es der Waldkönig war.
„Du hast es auch vorausgeahnt", sagte der große Hirsch, als er neben ihm stand.
„Morgen wird ein schlechter Tag für uns werden. Die Männer mit ihren Feuerröhren wollen viele von uns töten. Wir müssen alle warnen."

Bambi kehrte zu der Stelle zurück, wo er Falina zurückgelassen hatte, und war überrascht, als er sie dort nicht vorfand.

Dann hörte er das wilde Bellen der Jagdhunde. Bambi erkannte sofort die Gefahr.

„Falina!" schrie er, während er in rasendem Galopp zu der Stelle eilte, von der das Bellen herüberklang. Er war verängstigt und verzweifelt, aber gleichzeitig zu allem entschlossen.

Bambi entdeckte einen Felsvorsprung, auf dem Falina entsetzt versuchte, den Angriffen der Hundemeute zu entgehen, die wild bellend um sie herumsprang. Die Jagdhunde versuchten immer wieder, den glatten Felsen hinaufzuspringen, aber sie rutschten jedesmal ab und fielen dabei übereinander.

Sofort erkannte Bambi, daß etwas geschehen mußte, denn früher oder später würde einer den Sprung schaffen und seine Gefährtin anfallen.

Wütend sprang Bambi mitten unter die Hunde und schlug mit seinen scharfen Hufen auf sie ein, während er andere mit seinem mächtigen Geweih durch die Luft schleuderte.

„Lauf' weg, Falina!" schrie er. „Bring dich in Sicherheit!"

Falina sprang mit einem unwahrscheinlichen Satz über die ganze Meute hinweg, und die Hunde waren so in den Kampf mit Bambi verstrickt, daß keiner Anstalten machte, Falina zu verfolgen.

Unser Freund hielt seine Gegner weiter in Schach und hatte einige von ihnen bereits endgültig außer Gefecht gesetzt. Als er sicher war, daß sie Falina nicht mehr erwischen konnten, sprang auch er mit einem großen Satz über sie hinweg und lief so schnell er konnte den Berg hinauf.

Doch die Meute ließ sich nicht so schnell abschütteln, obwohl Bambi auf diesem Gelände einen großen Vorsprung herausholen konnte.

Er trat bei seiner Flucht auch noch ein paar Steine los und löste damit eine kleine Lawine aus, so daß die Verfolger noch weiter zurückblieben.

Nach einiger Zeit gaben die wenigen Jagdhunde, die noch übrig waren, dann schließlich die Verfolgung auf und kehrten müde zu ihren Herrchen ins Lager zurück. Bambis Vorhaben war geglückt.

Während er mit den Hunden kämpfte, hatte der König des Waldes das Rudel gewarnt und alle in Sicherheit gebracht.

Es fehlte nur noch Bambi, um sich mit ihnen auf der anderen Seite des Berges zu vereinen.

„FEUER! DER WALD BRENNT!" Dieser Alarmschrei ließ alle Waldbewohner erzittern. Das Feuer war der schrecklichste Feind, und die einzig mögliche Verteidigung war die Flucht!

Zwischen den brennenden Bäumen und inmitten der Rauchwolken liefen die Tiere wie verrückt und versuchten verzweifelt, sich in Sicherheit zu bringen.

Die Hasen und Eichhörnchen liefen Seite an Seite mit den Füchsen, ihren Erzfeinden, ohne auf deren Anwesenheit zu achten. Sie hatten jetzt einen gemeinsamen Feind, der gefährlicher und viel grausamer war und sie alle vernichten konnte.

Die in Flammen stehenden Bäume brachen mit lautem Krachen um und entzündeten so die anderen. Das Prasseln und Knistern des Feuers erstickte die Angstschreie der flüchtenden Tiere. Halb ohnmächtig vor Erschöpfung hörte Bambi die Alarmrufe, und erkannte die Gefahr, in der er schwebte. Plötzlich stand der König des Waldes neben ihm. „Mut, mein Sohn, beweise, daß du der Prinz bist!"

Gemeinsam mit seinem Vater suchte er einen Weg durch den brennenden Wald. Sie mußten zum Fluß mit den großen Wasserfällen ausweichen.

Ohne zu zögern, stürzten sich Vater und Sohn ins reißende Wasser, sprangen über Kaskaden und kämpften gegen wilde Strömungen an.

Die Flucht war lange und gefährlich. Endlich kamen sie an eine Stelle, wo der Fluß sich verbreiterte und den verheerenden Flammen Einhalt gebot. In seiner Mitte lag eine kleine Insel, auf der alle Waldbewohner Zuflucht gesucht hatten.

„Bambi!" rief Falina glücklich. „Du lebst? Du bist gerettet?" Während ihm seine Gefährtin die Wunden leckte, bemerkte Bambi zufrieden, daß es auch seinen Freunden Klopfer und Blume gelungen war, heil und unversehrt bis zur Insel zu kommen.

Nach jenem verheerenden Brand war der Wald kaum wiederzuerkennen, und die Tiere hatten große Schwierigkeiten, zu überleben. Viele von ihnen suchten in den zahlreichen Höhlen an den Bergwänden Zuflucht, wo sie vor der Witterung geschützt leben konnten. Die stärkeren Tiere zogen über das Land und trotzten mit ihrem dicken Fell dem rauhen Wetter. So verstrichen die Tage, und das Leben ging weiter.

Der Winter bedeckte mit seinem Schnee die verkohlten Reste der Bäume und Sträucher, die dem Brand zum Opfer gefallen waren, doch als der Frühling wiederkam, sproß und trieb es überall kräftiger denn je.

Von neuem bot der Wald den vertrauten Anblick, und seine Bewohner tollten glücklich herum.

Klopfer, der Hase, trommelte mit seinen Hinterläufen auf einen hohlen Baumstamm, und sechs kleine Häschen machten es ihm nach.

„Was ist denn das für ein Lärm?" fragte sich der alte Uhu. „Aha, da ist ja mein Freund Klopfer! Herzliche Glückwünsche! Wie ich sehe, ist deine Familie größer geworden!"

„Richtig! Und Freund Blume hat auch drei kleine Blümchen bekommen. Er wartet im Kleefeld auf uns."

„Was für gute Neuigkeiten!"

„Und dann gibt es noch etwas", sagte Klopfer geheimnisvoll. „Kommst du mit uns?"

„Natürlich", antwortete der alte Uhu.

Sprach's und flog hinter Klopfer her, wobei er bemerkte, daß auch alle anderen Waldbewohner den gleichen Weg eingeschlagen hatten.

Im Schatten einer riesigen Eiche lag Falina und betrachtete liebevoll den Prinzen und die Prinzessin, die soeben zur Welt gekommen waren.

Die Waldtiere waren schon alle dort versammelt.

„Sie sind wunderhübsch!" bemerkte der alte Uhu bewundernd. „Bambis Kinder! Ach, es kommt mir so vor, als ob es erst gestern gewesen wäre, daß ich hier war, um Bambis Mutter zu gratulieren."

Auf dem Hügel über dem Tal wachte währenddessen Bambi. An seiner Seite stand der Waldkönig und betrachtete zum letzten Mal, was bis heute sein Reich gewesen war. „Die Stunde des Abschieds ist gekommen, Bambi. Du bist jetzt stark, klug und vorsichtig; du vereinst alle nötigen Eigenschaften, um den Wald zu regieren, und ich bin sicher, daß du sie nutzen wirst, um für Ruhe und Frieden zu sorgen. Ich bin jetzt alt und müde und muß mich zurückziehen."
„Ist es wirklich notwendig, daß du gehst?" fragte Bambi. „Kannst du nicht hierbleiben, Vater?" Der mächtige Hirsch antwortete nicht. Still stieg er den Hügel hinab und ließ seinen Wald hinter sich. Bambi und all die anderen Tiere bedauerten seinen Abschied sehr, verstanden aber schließlich, daß sein Rückzug ein Gesetz der Natur war.

Bambi blieb auf dem Hügel stehen, um achtzugeben, daß der Friede des Waldes nicht gestört wurde.

Er war jetzt der neue König und mußte für die Sicherheit seiner Untertanen sorgen. Als der Mond über dem Berg aufging, stieg er ins Tal hinunter, um sich mit Falina und seinem Nachwuchs zu vereinen; aber alle Bewohner des Waldes konnten ruhig schlafen, denn Bambi, der neue Waldkönig, wachte für sie.

Micky Maus
Das tapfere Schneiderlein

Die Einwohner des kleinen Mäuselandes lebten ständig in Furcht und Schrecken. Der Grund dafür war ein ungeheuerlicher Riese, der sich seit einiger Zeit im Lande herumtrieb und entsetzliche Verwüstungen anrichtete. Weder die königliche Garde noch das mächtige Heer konnten etwas gegen ihn ausrichten.

In einem zweistöckigen Häuschen, das in einer kleinen Gasse stand, hatte ein Schneider seine Werkstatt eingerichtet. Er war ein guter Schneider und hatte viele Kunden.

Fröhlich und sorglos arbeitete er in seinem Kämmerchen, ohne sich um das Gerede über den gefährlichen Riesen zu kümmern. Denn da er ein guter Schneider war, hatte er sehr viel zu tun.

„Buh! Was für eine Hitze...!" rief das Schneiderlein und wischte sich die Schweißtropfen von der Stirn.

„Und diese verflixten Fliegen, die immer lästiger werden, machen mich ganz verrückt!" Geschickt nähte er weiter, doch ging ihm die Arbeit nicht so flott von der Hand.

Zu sehr wurde er von den Plagegeistern abgelenkt. Er nähte weiter und unterbrach seine Arbeit nur, um ab und zu die Fliegen zu verscheuchen, die um ihn herumschwirrten. Es schien, als hätten sie sich vorgenommen, ihn keinen Moment in Ruhe zu lassen. „So kann ja kein Mensch arbeiten!" beklagte sich das Schneiderlein. „Ich muß den Frack des Bürgermeisters fertig machen, und diese verdammten Fliegen scheinen mich daran hindern zu wollen."

Die Fliegen brummten um den Kopf des Schneiderleins herum, kitzelten ihn an der Nase und wurden immer frecher. Es nützte nichts, sie mit der Hand zu verscheuchen, denn kaum hatte er die Nadel wieder aufgenommen, belästigten sie ihn schon wieder. „Jetzt werdet ihr aber etwas erleben!" rief das Schneiderlein nun wirklich erzürnt, während es in jede Hand eine Fliegenklappe nahm. Ein paar Minuten schlug er blindlings in alle Richtungen und traf kein einziges Mal. Die Fliegen verschwanden nur, um gleich darauf wieder von einer anderen Seite anzugreifen. Das Schneiderlein war schon ganz außer sich, und mit jedem Fehlschlag wurde es noch zorniger.

Wie groß aber war seine Überraschung, als er einmal mit beiden Fliegenklappen aufeinander schlug und feststellte, daß er sieben Fliegen auf einmal erwischt hatte.

„Ich hab's geschafft!" schrie er begeistert.

"Ich habe sieben riesige Fliegen auf einen Streich erledigt! Das hat bis jetzt bestimmt noch niemand auf der Welt fertiggebracht!" Vor Freude über seinen gelungenen Streich tanzte er wie verrückt in seiner Werkstatt herum.

"Das muß ich meinen Nachbarn erzählen", sagte er sich. "Die werden staunen, wenn sie das erfahren, denn das hätte mir sicher keiner zugetraut. Ja, mit Nadel und Faden etwas zuwege bringen, ist die eine Sache, aber ich habe hier richtig gekämpft und gesiegt."

Da niemand im Zimmer war, würdigte auch keiner seine Heldentat.

"Dann muß ich es eben anders versuchen", überlegte Micky. "Denn wenn einer sieben Fliegen auf einmal tötet, ist das etwas Besonderes, und man soll ihn dafür loben." Er öffnete die Fenster seiner Werkstatt und schrie voller Kraft hinaus: "Ich habe sieben riesige Fliegen getötet! Ich habe sieben auf einen Streich getötet!"

Da passierte etwas sehr Komisches. Wie wir schon erzählt haben, sprach man im ganzen Land von nichts anderem, als vom Riesen, weshalb jedermann dachte, der Schneider hätte sieben Riesen auf einen Streich getötet. Die Nachricht sprach sich in Windeseile herum.

Die Nachbarn des Schneiderleins erzählten es sofort weiter, und jeder, der es hörte, gab die Nachricht wiederum an seine Freunde weiter.

„Das Schneiderlein hat sieben Riesen getötet!"

„Micky, das Schneiderlein, hat einmal sieben Riesen auf einen Streich getötet!"

„Wißt ihr schon das Neueste? Micky hat sieben Riesen getötet...! Er selbst hat es gesagt!"

„Aber doch nicht Micky, das Schneiderlein! Der ist doch viel zu schmächtig für eine solche Heldentat!"

„Wenn ich es dir doch sage, sieben auf einen Streich!"

„Ja, hat er denn gesagt, wie?"

„Nein, aber denk doch mal nach. Niemand verrät ein solches Geheimnis, oder?"

„Ja, stimmt", ließ sich auch der letzte Zweifler überzeugen und erzählte es nun wiederum seinen Bekannten und Freunden weiter. Das Gerücht kam dem Hauptmann der königlichen Leibgarde zu Ohren, der sich sofort auf den Weg ins Schloß machte.

„Aus dem Weg!" schrie er die Wächter an, die am Schloßtor standen. „Ich bringe die wichtigste Nachricht des ganzen Landes!"

„Was ist denn passiert?" fragte einer der Wächter.

„Staatsgeheimnis!" antwortete der Hauptmann und vergaß dabei ganz, daß genau diese Nachricht schreiend in der ganzen Stadt verkündet wurde. Doch weil er so wichtig tat, wurde er auch gleich vorgelassen, und er stürmte in Windeseile die königliche Schloßtreppe hoch und machte sich auf den Weg zum Thronsaal, in dem der König mit seiner Tochter, Prinzessin Minnie, normalerweise seine Tage verbrachte.

24

So saßen sie auch jetzt dort zusammen, doch hatte sich im Gegensatz zu früheren Zeiten viel verändert. Denn einst hatte der König mit seiner Tochter hier gespielt und gescherzt, und der Hall ihres Lachens hatte die Schloßgänge erfüllt.

Ganz anders sah es jetzt hier aus. Der König und die Prinzessin Minnie waren sehr besorgt. Seit der Riese ins Land gekommen war, hatten sie kaum Schlaf gefunden, denn sie überlegten ständig, wie sie das Problem wohl lösen könnten.

„Ach, mein Gott...!" seufzte der König von Zeit zu Zeit. „Was wird noch aus meinem Land und meinen Untertanen werden?"

„Wir sind verloren!" antwortete die Prinzessin verzweifelt und war nahe daran zu weinen. „Unsere tapfersten Ritter haben versagt. Alle haben sie versagt...!"

Ohne sich anmelden zu lassen oder sich um das Protokoll zu kümmern, stürzte der Hauptmann in den Thronsaal. Er näherte sich dem König und flüsterte ihm die Nachricht ins Ohr.

„Was hast du da gesagt?" schrie der König. „Das ist unmöglich...! Sag' das noch einmal laut!"

„Ich habe gesagt, daß der Schneider Micky zugegeben hat, einmal sieben Riesen auf einen Streich getötet zu haben!"

„Wirklich? Das ist ja phantastisch! Wunderbar! Das ist die Lösung! Er soll sofort kommen!"

Der Hauptmann stürmte mit der gleichen Geschwindigkeit hinaus, mit der er gekommen war, und schon nach ein paar Minuten war er wieder im Thronsaal, diesmal in Begleitung von Micky, der nicht so recht wußte, wie ihm geschah. Ehrerbietig wollte er sich verbeugen, doch der König unterbrach ihn gleich.

„Erzähl', junger Mann, erzähl' es mir!" verlangte der König. „Ist es wahr, daß du sieben auf einen Streich getötet hast?"

„Das ist richtig, Majestät!" erwiderte das Schneiderlein und war erstaunt, daß die Nachricht über seine Großtat sogar bis zum König vorgedrungen war.

„Ich möchte, daß du mir deine Heldentat bis auf die kleinste Kleinigkeit genau erzählst!"

„Wie ihr wünscht, Majestät...", erwiderte das Schneiderlein, das stolz war, dem König und seiner wunderschönen Tochter seine Heldentat schildern zu dürfen.

„Ich war gerade mit meiner Arbeit beschäftigt, als ich merkte, daß sich die sieben mit bösen Absichten näherten."

„Und waren sie sehr groß?" fragte der König angsterfüllt.

„Riesig, Majestät! Die größten, die ich je gesehen habe! Sie umzingelten mich von allen Seiten...! Sie griffen an! Ich schlug wie wild auf sie ein, ohne sie zu erwischen. Sie wurden immer frecher, kamen immer näher, griffen mich von allen Seiten an... "

„Erzähl'", bat der König beklommen.

„Nichts weiter! Ich holte aus, schlug kräftig zu, und die sieben fielen tot zu Boden."

„Uff!" stöhnte der König und ließ sich, von der Spannung völlig erschöpft, auf seinen Thron zurückfallen.

Auch die Prinzessin Minnie war ganz begeistert von dem tapferen Schneiderlein. Micky hatte ihr vom ersten Augenblick an gut gefallen.

„Also gut, mein Junge", sagte der König nach einer Verschnaufpause. „Wenn es dir gelungen ist, sieben zu töten, wird einer allein ein Kinderspiel für dich sein. Wann wirst du bereit sein, das Abenteuer zu beginnen?" fragte der König.

„Welches Abenteuer?"

„Den Riesen unschädlich zu machen, der mein Reich verunsichert!"

Micky war sprachlos. Jetzt verstand er alles! Der König und die Prinzessin glaubten, daß er sieben Riesen getötet hätte und nicht sieben riesige Fliegen. „Hmm, Majestät, ich..., ich glaube, es gibt da etwas, was ich nicht genau genug erklärt habe..."

„Ach ja, natürlich, selbstverständlich", unterbrach ihn der König. „Die Belohnung. Du bekommst alles, was ich für den Fang des Riesen ausgesetzt habe, Gold, Titel, Ehren... Du wirst nach mir der wichtigste Mann im ganzen Königreich sein."

Micky schluckte angesichts dieser lockenden Aussicht. Doch nein, was nützten einem alle diese Ehren, wenn man vom Riesen zerquetscht oder totgetrampelt wurde.

Die schöne Prinzessin flüsterte ihrem Vater etwas ins Ohr, und dieser nickte zustimmend mit dem Kopf. Er stand auf und verkündete: „Zusätzlich werde ich dir, als besondere Belohnung, die Hand meiner Tochter gewähren!"

Dem armen Schneiderlein verschlug es die Sprache. Die Prinzessin Minnie heiraten? Die schönste Jungfrau des ganzen Reiches könnte seine Frau werden? Minnie rannte auf ihn zu und bedeckte sein Gesicht mit Küssen, während sie ihn fest umarmte.

„Ich werde es schaffen!" schrie er voller Begeisterung und fühlte sich in jenem Augenblick als der Stärkste auf der ganzen Welt; genauso, als ob er tatsächlich sieben Riesen getötet hätte. „Natürlich werde ich es schaffen! Ich werde den Riesen besiegen!"

Inzwischen hatte sich der Thronsaal mit den Ministern und Rittern des Reiches gefüllt und erzitterte unter dem Beifallssturm, mit dem die Worte des Schneiderleins begrüßt wurden.

„Hoch lebe Micky! Hoch lebe das tapfere Schneiderlein! Hoch lebe der neue Ritter!" Micky war sehr gerührt über den Beifall. Sehr früh am nächsten Morgen wurde Micky von den Stadtbewohnern bis zum großen Tor in der Stadtmauer begleitet.

Die Menschenmenge jubelte ihm zu, ohne etwas von der Angst zu merken, die unser Freund ausstand.

Kaum war er durch das Stadttor gegangen, als es die Wächter auch schon eiligst hinter seinem Rücken schlossen und ihn mutterseelenallein stehen ließen.

Einige Augenblicke lang blieb Micky unbeweglich auf der Zugbrücke stehen. Was sollte das kleine Schneiderlein jetzt tun, nur mit Zwirn, Nadel und Schere bewaffnet, gegen einen Riesen, der die stärksten Ritter des Landes besiegt hatte?

Prinzessin Minnie stand auf dem Balkon des königlichen Schlosses, um ihrem Verlobten zum Abschied zu winken. Sie war hübscher denn je, und mit einem Tüchlein winkend, warf sie ihm Kußhändchen zu.

„Adieu, mein Held!" schrie sie, und obwohl Micky sie nicht verstehen konnte, wußte er doch, was sie ihm sagen wollte. Das gab ihm neuen Mut, und mit entschlossenen Schritten marschierte er los. In Wirklichkeit hatte er immernoch große Angst, aber er vertuschte sie, denn er wollte nicht, daß die Prinzessin etwas merkte.

„Leb' wohl, meine Prinzessin", flüsterte er. „Das nächste, was du von mir hörst, werden traurige Nachrichten sein. Der Riese wird mich wie eine lästige Fliege zerdrücken... "

Lange Zeit marschierte das arme Schneiderlein, ohne ein genaues Ziel zu haben. Denn der arme Micky wußte nicht, wohin er sich wenden sollte.

„Was soll ich nur tun?" fragte er sich zum hundertsten Male. „Wie soll ich denn mit diesem Riesen fertigwerden? Ich hab' doch in meinem ganzen Leben noch nie gegen jemanden gekämpft; nicht einmal als Kind mit meinen Schulkameraden!"

Die fürchterlichsten Vorstellungen gingen ihm durch den Kopf, und eine war schlimmer als die andere. Er sah sich schon zerdrückt, in Stücke gerissen, gefressen... und noch Schlimmeres! Da wurde es auf einmal dunkel, als ob die Sonne von schwarzen Wolken verdeckt worden wäre.

„Das hat mir noch gefehlt!" rief er. „Jetzt fängt es auch noch zu regnen an!"

Er schaute um sich und suchte nach etwas, wo er sich unterstellen konnte. Eine Hütte oder ein Bauernhof in der Nähe wären ihm jetzt gerade recht gewesen. Oder wenigstens ein großer Baum.

Er sah in den Himmel, um die Wolken zu suchen..., und erstarrte vor Schreck! Es waren keine Gewitterwolken, die die Sonne verdeckten, sondern der Schatten des Riesen, der auf ihn zukam.

„Du lieber Himmel!" rief er, als er seinen Feind sah, denn dieser war noch viel größer, als er sich ihn vorgestellt hatte. „Was mach' ich jetzt?"

Während er einige Augenblicke lang wie gelähmt stehenblieb, konnte er den Riesen genau betrachten. Er war ungeheuerlich groß, und seine Arme waren dicker als der dickste Baum. Er trug ein grünes Wams, mit dessen Stoff man Röcke für alle Einwohner des Mäuselandes hätte schneidern können. Sein wildes Gesicht war mit einem dichten schwarzen Bart bedeckt.

Das Schneiderlein bemerkte aber, daß der Riese ihn nicht gesehen hatte, weshalb er wie der Blitz losrannte und versuchte, den größtmöglichen Abstand zwischen sich und seinen Feind zu bringen.

„Er zertritt mich! Er zertritt mich!" stöhnte Micky und spürte, wie die Erde unter jedem Schritt des Riesen erzitterte.

Er lief, wie er noch nie in seinem Leben gelaufen war. Jedesmal, wenn er sich angsterfüllt umsah, mußte er feststellen, daß sein Vorsprung schon wieder kleiner geworden war, obwohl sein Feind keine Eile zeigte und nur zerstreut dahinspazierte...

„Warum bin ich nur so vorlaut gewesen?" dachte sich das Schneiderlein. „Ich hätte den Mund halten sollen, als ich die Fliegen erschlug! Wegen so einem Blödsinn, den jedes kleine Kind fertigbringen würde, bin ich in diese verzwickte Lage geraten!"

Einer der Füße des Riesen war drauf und dran, dem kleinen Ritter den Garaus zu machen, der jetzt noch schneller lief, obwohl ihm schon ganz schwach in den Beinen war.

Nicht weit entfernt sah das Schneiderlein einen Bauernhof, den es sogleich ansteuerte, in der Hoffnung, dort seinem Feind entkommen zu können.

„Hoffentlich kann ich mich im Bauernhaus verstecken!" dachte er. „Vielleicht geht dann der Riese vorbei, und ich bin gerettet."
Er lief, was er konnte, und war des öfteren nahe daran, von den Füßen seines gewaltigen Feindes zerstampft zu werden. Doch noch immer hatte ihn der Riese nicht bemerkt.
„Ich werde es gar nicht bis zum Haus schaffen", stöhnte das Schneiderlein. „Er wird mich vorher zerdrücken. Was soll ich bloß tun?"
Da sah er vor dem Haus einen Karren voll mit Kürbissen stehen, und in der Hoffnung, noch vor dem Riesen dort anzukommen,

rannte er auf ihn zu. Ohne es sich erst lange zu überlegen, sprang er kopfüber zwischen die Kürbisse und versuchte, sich unter ihnen zu verstecken.
Er kauerte sich zusammen und wagte nicht zu atmen, während er inbrünstig hoffte, nicht von seinem Feind entdeckt zu werden. Nach einigen Sekunden, die ihm wie eine Ewigkeit vorkamen, spitzte er die Ohren, um zu hören, ob sich der Riese näherte. Aber er hörte nur eine schreckliche Stille.
„Was hat das wohl zu bedeuten?" fragte er sich und fühlte dabei, wie ihm der Schweiß aus allen Poren brach. Vorsichtig schob er sein Köpfchen zwischen den Kürbissen hin-

aus... und konnte einen Schreckensschrei nicht unterdrücken.

Der Riese stand nur ein paar Schritte vor ihm und setzte sich gerade auf das Bauernhaus, das unter seinem immensen Gewicht zusammenbrach.

Sofort schlüpfte das Schneiderlein wieder unter die Kürbisse und versuchte, das Zittern in den Griff zu bekommen, das seinen ganzen Körper schüttelte. Der Riese betrachtete unterdessen genüßlich den Karren und schnalzte mit der Zunge.

„Mensch, Kürbisse!" dröhnte seine Stimme. „Sieh' mal einer an, da hab' ich ja schon eine Vorspeise."

Und mit einem Handstreich bemächtigte er sich der ganzen Ladung... samt unserem tapferen kleinen Schneiderlein!

Einen nach dem anderen schnippte sich der Riese in den Mund und verschlang sie, als ob es Erdnüsse wären, obwohl keiner weniger als fünfzehn Kilo wog.

Und da... flog Micky zwischen all den Kürbissen auf den Schlund des Riesen zu und stieß einen Schreckensschrei aus, als er sah, daß er nun unweigerlich verschlungen werden würde.

Mitten im Flug jedoch gelang es unserem Freund, sich am Schnurrbart des Riesen festzuklammern.

Doch dabei riß er so fest an den Barthaaren, daß der Riese vor Schmerz laut aufschrie. „Was ist denn hier los?" brüllte er, während er sich mit der Hand über das Gesicht fuhr. Das war die Gelegenheit, auf die Micky gewartet hatte – und er sprang mit einem Satz in den Ärmel seines Wamses.

„Was war denn das?" schrie der Riese wieder. „Es muß ein Biest zwischen den Kürbissen gewesen sein!" Er begann, in seinen Kleidern herumzuwühlen, und es dauerte auch nicht lange, bis er das Schneiderlein entdeckt hatte, das in einer Falte versuchte, das Gleichgewicht zu halten.

Ganz vorsichtig, von der Neugierde geleitet, stellte der Riese Micky auf seine Handfläche und betrachtete ihn aufmerksam.

In einer Mischung aus Mut und Verzweiflung zog Micky seine große Schere hervor und fuchtelte dem Riesen damit vor der Nase herum, als ob es sich um ein Schwert handeln würde.

„Ergib' dich, im Namen des Königs!" schrie er dabei.

Der Riese fand das außerordentlich lustig und antwortete mit einem schallenden Gelächter. Wie konnte es so ein nichtswürdiges Mäuschen wagen, ihn herauszufordern? Aber sein lachendes Gesicht verwandelte sich sogleich in eine schmerzhafte Grimasse, als ihm Micky mit seiner Schere genau in die Nasenspitze stach!

„Ich werde dich...!" brüllte er, während er zu einem fürchterlichen Schlag ausholte, der beinahe das Ende unseres Schneiderleins

gewesen wäre. Aber Micky war schon vorher von seiner Hand gesprungen und hatte sich in einem seiner Ärmel versteckt. Dort schrie er lauthals, um die Aufmerksamkeit des Riesen auf sich zu lenken.

Der Riese steckte eine Hand in den Ärmel, um das lästige Schneiderlein zu erwischen. Genau darauf hatte Micky gewartet. Mit großer Geschicklichkeit gelang es ihm, blitzschnell die beiden Ärmel zusammenzunähen und den Riesen mit seinen eigenen Kleidern zu fesseln.

„Laß' mich los!" schrie der Riese und versuchte, sich zu befreien.

Flugs nähte das Schneiderlein die Kleider des Riesen an allen Enden noch fester zusammen, und von einem Augenblick zum anderen konnte sich der Riese nicht mehr rühren. Dann umwickelte ihn der tapfere Micky mit einem langen Zwirnsfaden, tat einen festen Ruck..., und der mächtige Riese fiel zu Boden, ohne sich wehren zu können.

„Laß mich looos!!!" brüllte er. „Ich ergebe mich!"

„Dir trau' ich nicht", antwortete das Schneiderlein. „Du würdest mich bestimmt sofort zerdrücken, wenn ich dich befreien würde."

„Nein, nein", stöhnte der Riese. „Ich werde mich nicht an dir vergreifen. Ich versichere dir, daß ich dir und deinen Landsleuten nie wieder Schaden zufügen werde... Ich gebe dir mein Riesenehrenwort."

„Nur unter einer Bedingung könnte ich dich von deinen Fesseln befreien: Du müßtest das Land verlassen und versprechen, niemals wieder zurückzukommen."

„Ja, ja, ich verspreche es", erwiderte der Riese, der inzwischen seine Übeltaten ehrlich bereute.

Und auf diese Weise wurde das Mäuseland für immer von dem schrecklichen Riesen befreit. Das tapfere Schneiderlein hatte seine Aufgabe siegreich zu Ende gebracht. Micky kehrte in die Stadt zurück und wurde dort wie der größte Held aller Zeiten empfangen. Der König hielt Wort und gab ihm seine Tochter zur Frau. Außerdem befahl er, überall im Lande große Feste anläßlich der Hochzeit vorzubereiten.

Aus allen Nachbarländern kamen Könige und Botschafter, um der königlichen Hochzeitsfeier beizuwohnen.

Man erzählte sich, daß Feste gefeiert wurden, die mehr als drei Monate gedauert hätten.

Das Schneiderlein und die Prinzessin besuchten gerne die Volksfeste, die ihnen zu Ehren veranstaltet wurden, um dort mit dem Karussell zu fahren und sich zu vergnügen. Überall wurden sie herzlichst willkommen geheißen, und die wichtigsten Persönlichkeiten des Landes rissen sich darum, sie bewirten zu dürfen.

Es erübrigt sich, hinzuzufügen, daß Micky und die Prinzessin den Rest ihres Lebens in Glück und Frieden verbrachten.

Schneewittchen

Vor vielen, vielen Jahren stand auf einem hohen Felsen in einem fernen Land ein stolzes Schloß. Zu seinen Füßen lag ein Dorf, dessen Bewohner in ständiger Angst lebten, denn sie wurden von einer bösen Königin beherrscht, die ihre ganzes Reich unterdrückte.

In jenem Dorf erinnerte man sich wehmütig an die guten alten Zeiten, als der König und die Königin mit ihrer neugeborenen Prinzessin Schneewittchen noch Glück und Wohlstand verbreiteten.

Doch die Königin starb, und der König heiratete eine wunderschöne, aber grausame und eitle Frau. Es dauerte nicht lange, bis auch der König starb, und seither kannten die Bewohner des Reiches keinen Frohsinn mehr.

Die grausame Königin unterdrückte sie mit Steuern und Abgaben; sie entzog ihnen alle Rechte und hielt sie ständig in Furcht und Schrecken. Jeder, der versuchte, sich gegen die Königin aufzulehnen, wurde sofort dem Henker ausgeliefert.

In der Zwischenzeit wurde Schneewittchen wie ein einfaches Dienstmädchen behandelt. In Lumpen gekleidet mußte sie die riesigen Treppen des Schlosses aufwischen und die niedrigsten Arbeiten verrichten, ohne daß sie dabei etwas von ihrer außerordentlichen Schönheit und jugendlichen Frische einbüßte. Im Gegenteil, ihre Tugendhaftigkeit ließ bei den Untertanen der Königin die Hoffnung nicht erlöschen, daß es am Tag ihrer Krönung mit allem Leid ein Ende haben würde.

Die Königin verstand sich auch auf die Hexerei und besaß einen Zauberspiegel, den sie stets zu Rate zog. Da sie aber überaus eitel war, fragte sie fast immer das gleiche:

„Spieglein, Spieglein an der Wand, wer ist die Schönste im ganzen Land?"
Und der Spiegel antwortete:
„Du, meine Königin, bist die Schönste im ganzen Land!"
Und nur wenn die eitle Königin diesen Spruch hörte, schlug ihr böses Herz etwas ruhiger.

Als Schneewittchen eines Tages gerade ihre Arbeiten verrichtete und dabei fröhlich ein Liedchen trällerte, kam ein junger Prinz des Nachbarlandes am Schloß vorbei. Kaum hatte er das bezaubernde Mädchen gesehen, war er auch schon Hals über Kopf in sie verliebt. Kühn kletterte er über die Burgmauer, und einen Augenblick später stand er neben der Prinzessin.

„Ja, was haben wir denn da für ein zauberhaftes Geschöpf!" meinte der Prinz keck und lachte Schneewittchen offen ins Gesicht.

„Wer seid Ihr?" fragte Schneewittchen den stattlichen Jüngling, der auf einmal vor ihr stand, ohne daß sie sein Kommen gehört hatte.

„Seit einem Augenblick Ihr bedingungsloser Verehrer!" antwortete er.

„Ihr müßt sofort wieder gehen!" erwiderte die Prinzessin und sah sich ängstlich um.

„Warum? Jetzt, da ich Euch gefunden habe, werde ich um nichts auf der Welt von Eurer Seite weichen!"

„Euer Leben ist in Gefahr! Niemand darf das Schloß ohne die Erlaubnis der Königin betreten!" Und in der Hoffnung, der Unbekannte würde nun wieder verschwinden, lief Schneewittchen ins Schloß hinein.

Aber der Prinz war viel zu mutig und ungestüm, um sich durch so etwas Angst einjagen zu lassen. Er sprang über die Mauer, die den Garten vom Palast trennte, und wartete dort gelassen auf das Wiederauftauchen des wunderhübschen jungen Mädchens.

Endlich erschien Schneewittchen auf einem Balkon des Schlosses und ließ das Herz des Jünglings höher schlagen.

„Erlaubt mir, Euch wieder zu besuchen!"
rief er. „Ihr seid das schönste Mädchen der
Welt! Ich muß Euch wiedersehen!"
„Ihr seid sehr freundlich," antwortete
Schneewittchen, „aber nun geht."
„Nachdem ich Euch kennengelernt habe,
könnte ich nicht mehr weiterleben ohne die
Hoffnung, Euch wiedersehen zu dürfen."
„Das dürft ihr nicht wagen, glaubt mir",
erwiderte die Prinzessin voller Angst. „Ihr
schwebt in Lebensgefahr! Bitte geht, bevor
es zu spät ist!"
„Ihr müßt mir aber Euren Namen sagen und
mir versprechen, daß ich Euch wiedersehen
darf!"
„Mein Name ist Schneewittchen... und jetzt
geht! Auch ich würde Euch gern wiedersehen, aber es ist unmöglich! Lebt wohl..."
Die Prinzessin winkte ihm zum Abschied zu
und lief auf ihr Zimmer.
In ihrem Herzen war die Liebe eingezogen.
Sie wollte dem jungen Prinzen aber keine
Hoffnung machen, damit ihm kein Leid
geschah. Denn sie wußte, daß ihre Stiefmutter sehr neidisch war und es ihr nie
erlauben würde, an der Seite dieses
guten und edlen Prinzen glücklich
zu werden.

Sie ahnte nicht, daß ihr Gespräch von der ruchlosen Königin belauscht worden war, die daraufhin zornentbrannt zu ihrem Zauberspiegel lief.

„Spieglein, Spieglein an der Wand, wer ist die Schönste im ganzen Land?"

„Du bist sehr schön, meine Königin, aber Schneewittchen ist tausendmal schöner als du..."

Rasend vor Wut hielt sich die Königin die Ohren zu, denn sie konnte nicht ertragen zu hören, daß jemand sie an Schönheit übertraf. So ließ sie einen Diener in den Thronsaal rufen.

„Befehlt, meine Königin", sagte dieser und zitterte dabei, denn er hatte Angst vor dieser grausamen Frau.

Diese blickte starr auf den Mann, der dem verstorbenen König als Jäger gedient hatte.

„Ich bin überzeugt, daß es eine Ehre für dich sein wird, meine Wünsche zu erfüllen, Jäger!" sagte sie mit drohender Stimme.

Der Jäger blickte beiseite und antwortete:

„Ich erfülle Eure Wünsche doch immer zu Eurer Zufriedenheit, Majestät."

„Das wird auch das Beste für dich sein..." Ein harter Glanz war in ihren Augen zu sehen. „Nun, ich wünsche", kam die Königin dann zu ihrem Anliegen, „daß du die Prinzessin heute nachmittag auf einem Spaziergang durch den Wald begleitest. Bring' sie an einen einsamen Ort und versichere dich dabei, daß euch niemand beobachtet. Und wenn du an der tiefsten Stelle des Waldes angekommen bist, ... töte sie!"

„Nein, verlangt das nicht von mir, meine Königin!" stöhnte der Jäger und fiel vor ihr auf die Knie.

„Ich habe dir befohlen, sie zu töten!" wiederholte die Königin ungerührt. Dann übergab sie ihm ein Kästchen und sagte: „Zum Beweis dafür, daß du die Tat auch ausgeführt hast und die Prinzessin tot ist, wirst du mir in diesem Kästchen ihr Herz bringen. Wenn du mir nicht gehorchst, wird es dein Herz sein, das in dieses Kästchen kommt."

Ein paar Stunden später schon verließ Schneewittchen in Begleitung des Jägers das Schloß und schlug die Richtung zum Wald ein. Die Prinzessin war glücklich und genoß den unerwarteten Ausflug. Sie hatte das einzig schöne Kleid angezogen, das sie besaß, und betrachtete alles um sich herum mit liebevollem Blick.

Der arme Diener ballte die Fäuste und konnte nicht verhindern, daß ihm Tränen in die Augen schossen.

Er fühlte sich wie der unglücklichste Mensch auf der Welt, doch dann dachte er an die Drohung der bösen Königin.
Schneewittchen beugte sich zu einem

Vögelchen nieder, und kehrte dabei ihrem Begleiter den Rücken zu. Der Jäger zog sein Messer, hob es in die Luft und war bereit, den todbringenden Streich auszuführen. Genau in diesem Augenblick drehte sich Schneewittchen lächelnd um, aber ihr liebliches Gesicht verwandelte sich in einen Ausdruck des Entsetzens, als sie ihren Begleiter mit dem Messer in der erhobenen Hand vor sich stehen sah. Taumelnd vor Angst wich sie einige Schritte zurück, bis sie mit dem Rücken an einen Baum stieß.
Die Hand des Jägers zitterte jedoch so sehr, daß ihm das Messer aus den Fingern rutschte und auf den Boden fiel.

„Verzeiht mir, meine Prinzessin, verzeiht!" schluchzte der Jäger. „Die Königin hat mir befohlen, Euch zu töten, aber ich bringe es nicht über mich!"

„Mich zu töten?" erwiderte Schneewittchen mit kaum hörbarer Stimme.

„Die Königin haßt Euch... Sie kann Eure Schönheit nicht ertragen... Flüchtet, Prinzessin, lauft davon!"

Schneewittchen rannte davon, und sobald sie im Wald verschwunden war, machte sich der Jäger auf die Suche nach einem Reh. Das Herz des Tieres wollte er in das Kästchen legen.

Schneewittchen lief und lief, bis sie endlich vor Müdigkeit erschöpft zu Boden sank und sich vom Schlaf überwältigen ließ. Am nächsten Morgen erwachte Schneewittchen vom Gezwitscher der Vögel. Lange Zeit ging sie durch den Wald, der immer dichter und unwegsamer wurde, bis sie endlich an eine Waldlichtung kam, auf der das kleinste und niedlichste Häuschen stand, das sie je in ihrem Leben gesehen hatte.

Es war schon älter und im Lauf der Jahre ein wenig windschief geworden.

Neugierig näherte sich Schneewittchen dem
Gebäude, denn sie wollte zu gern sehen, wie
es wohl drinnen aussah.

Sie mußte erst den Staub vom Fenster
wischen, um einen Blick ins Innere des
Häuschens werfen zu können. Schneewittchen war entzückt von dem, was sie da sah.
Die Möbel, die Türen und alles, was da drinnen stand, war winzig klein..., nur war alles
fürchterlich schmutzig.

Sie öffnete die Tür und sah sich prüfend in
allen Winkeln um. Überall lagen achtlos hin-
geworfene, winzige Kleidungsstücke herum,
die riesige Löcher und enorme Schmutz-
flecken aufwiesen.

„Es müssen Kinder sein, die hier leben",
überlegte Schneewittchen. „Vielleicht haben
sie niemanden, der sich um sie kümmert."
Die Tiere, die sie den langen Weg begleitet
hatten, waren auch ins Häuschen gekommen
und liefen hin und her, um alles zu
beschnuppern.

„Wenn ich in diesem Häuschen leben soll,
dann wäre es ganz gut, wenn wir es ein
wenig in Ordnung bringen würden. Ihr werdet mir ein bißchen dabei helfen, nicht
wahr?"

Als erstes spülte Schneewittchen einen riesigen Berg schmutziger Teller und Tassen, dann richtete sie die Bettchen und las dabei die Namen, die auf jedem einzelnen geschrieben standen: „Doktor", „Glückspilz", „Hatschi", „Dummerjan", „Brummbär", „Angsthase" und „Schlafmütze". Sie fand die Namen alle sehr lustig.
Schneewittchen fegte und schrubbte mit Hilfe ihrer kleinen Freunde das Häuschen von oben bis unten.
Sie arbeiteten schwer und waren den ganzen Tag beschäftigt. Schneewittchen hatte einen Blick um sich geworfen und war mit ihrer Arbeit zufrieden. Das Innere des Häuschens sah nun wirklich anders aus: Die Möbel waren rein, der Boden glänzte, die gewa-schene und gebügelte Wäsche hing sauber auf den Kleiderbügeln; ein Feuer knisterte gemütlich im Kamin, und aus den Töpfen strömte ein verführerischer Duft.
Erst jetzt bemerkte Schneewittchen, wie müde sie war. Sie hatte den ganzen Tag schwer gearbeitet, und ihr Körper verlangte dringend nach Ruhe.
„Ich werde mich ein paar Minuten hinlegen, um auszuruhen", dachte sie und konnte ein Gähnen nicht unterdrücken.
Da die Bettchen viel zu klein für sie waren, legte sie sich der Länge nach darauf, und kaum waren ein paar Sekunden vergangen, als sie auch schon fest eingeschlafen war und von dem Prinzen und einem fernen Königreich träumte.

Währenddessen arbeiteten tief im Wald, an einem Ort, wohin noch nie ein menschliches Wesen seinen Fuß gesetzt hatte, sieben Zwerge in der Tiefe eines phantastischen Stollens, der voller Diamanten war.
So verbrachten die Zwerge ihren Tag und arbeiteten unermüdlich bis zum Abend. Eine Kuckucksuhr verkündete den Zwergen das Ende ihres Arbeitstages und daß es Zeit war, nach Hause zu gehen und auszuruhen.

Sie räumten ihr Werkzeug zusammen und machten sich auf den Weg zum Ausgang des Stollens. Zwerg Doktor lief an der Spitze und bahnte ihren Weg durch den Wald. Beim Marschieren sangen sie ein lustiges Liedchen, das immer das gleiche war und ungefähr folgenden Wortlaut hatte: „Halli, hallo, nach Hause geh'n wir froh..." Obwohl es ein wunderschöner Wald war, den sie durchquerten, schenkten sie ihm kaum Aufmerksamkeit, denn sie gingen diesen Weg schon seit vielen Jahren und kannten ihn so gut wie auswendig.

„Es ist jemand in unserm Häuschen", stotterte der Anführer der Zwerge. „Es steigt Rauch aus dem Schornstein, und die Fenster sind hell erleuchtet..."

„Vielleicht sind es Räuber", meinte Angsthase und duckte sich hinter seinen Kameraden.

„Wir müssen es herausfinden", sagte Glückspilz und trat dabei vorsichtig einen Schritt zurück.

„Wir geh'n alle zusammen", entschied der Doktor. „Mir nach!"

Ganz langsam und auf Zehenspitzen näherten sich die sieben Zwerge ihrem Häuschen, öffneten so leise sie konnten die Tür und steckten vorsichtig ihre Köpfe hinein.

Die sieben Zwerge kamen zu ihrem Häuschen, ohne eine Ahnung davon zu haben, daß dort ein hübsches Fräulein auf sie wartete, das ihre Lebensweise völlig verändern würde.

Zwerg Doktor, der an der Spitze seiner Kameraden marschierte, blieb ganz plötzlich stehen und unterbrach das Liedchen.

„Was ist denn los?" brummte Hatschi, der hinter ihm marschiert war und sich die Nase am Rücken des Doktors plattgedrückt hatte.

„Hier ist niemand", flüsterte der Doktor. „Geh'n wir hinein!" Zögernd betraten die sieben Zwerge den Raum und sahen sich furchtsam um. Sie konnten ihr Häuschen fast nicht wiedererkennen.

„Es ist alles so sauber!" knurrte Brummbär und fuhr mit dem Finger über die Rückenlehne eines Stuhls. „Nicht ein einziges Staubkörnchen!"

„Und es sind Blumen in den Vasen!" bemerkte Hatschi und kratzte sich an der Nase. „Seht nur, es ist frisches Essen im Kessel..."

Die sieben Zwerge blickten einander beklommen an. „Irgend etwas müssen wir unternehmen", sagte Hatschi, der entschlossenste der sieben Zwerge. „Ja, Freunde, laßt uns überlegen!" meinte auch der Doktor. Schließlich einigten sie sich, gemeinsam ins Obergeschoß zu gehen. Leise gingen sie auf die Bettchen zu, in denen Schneewittchen friedlich schlummerte.

„Ein Mädchen", riefen die Zwerge im Chor. Schneewittchen erwachte erschrocken, und die sieben Zwerge versteckten sich am Fußende der Bettchen. „Wer ist da?" rief das junge Mädchen mit ängstlicher Stimme.

Da tauchten schüchtern sieben Köpfchen auf, und eine Weile betrachteten sich das Mädchen und die Zwerge, ohne ein Wort zu sagen.

„Ihr seid Zwerge", sagte Schneewittchen schließlich ganz erleichtert, und ein Lächeln erhellte ihr Gesicht. „Und ich dachte, das Haus wäre von Kindern bewohnt."

„Was machst du hier, wenn man das erfahren darf?" fragte Brummbär nicht gerade freundlich.

Schneewittchen erzählte ihnen ihr trauriges Abenteuer haargenau: die Morddrohung ihrer Stiefmutter; das Mitleid des Jägers; ihre Flucht durch den Wald; und wie sie von den Tieren hierhergebracht worden war.

„Und nun würde ich gerne hierbleiben. Ich könnte das Häuschen sauberhalten, eure Kleider flicken und kochen... "

„Freunde, ich denke, ihre Anwesenheit wäre nur gut für uns", schaltete sich der Doktor ein. „Jeden Tag wird die Unordnung hier größer, und wir könnten gut jemanden brauchen, der uns etwas Ordentliches zu essen kocht."

„So bleibt sie denn hier!" riefen die Zwerge, die jetzt alle einer Meinung waren.

In der Zwischenzeit hatte die böse Königin neuerlich ihren Zauberspiegel befragt, ob sie nun endlich die schönste Frau des Reiches war, und als sie erfahren mußte, daß Schneewittchen noch immer am Leben war und bei den sieben Zwergen hinter den sieben Bergen wohnte, kannte ihre Wut keine Grenzen. „Man hat mich schändlich betrogen!" schrie sie und knirschte mit den Zähnen vor Wut. „Diesmal werde ich mich persönlich darum kümmern, daß Schneewittchen ums Leben kommt!"
Sie braute einen greulichen Zaubertrank, von dem ein ekelhaft grüner Dunst aufstieg.

Dann nahm sie den Kelch in beide Hände und trank ihn bis zum letzten Tropfen aus. Die Königin erzitterte am ganzen Leib und stieß einen schauerlichen Schrei aus. Wilde Zuckungen schüttelten ihren Körper, und nach und nach fing der schöne Leib an zusammenzuschrumpfen, und eine schreckliche Verwandlung geschah. Sie wurde immer kleiner und schrumpeliger, die Farbe ihrer weißen Haut wurde bräunlich, und ihr schönes langes Haar verfilzte und wurde grau. Ihre Augen wurden klein und stechend, der Mund verzog sich zu einem zahnlosen Lächeln.

Aus der eben noch wunderschönen Frau wurde eine ekelhafte alte Hexe; mit einer enormen Nase, verkrüppelten Händen und einem riesigen Buckel.

„Niemand wird mich mit diesem Aussehen wiedererkennen!" rief sie und ließ ein teuflisches Kichern hören. „Jetzt werde ich den zweiten Teil meines Planes vorbereiten!"

Aus einem Korb nahm sie einen wunderschönen Apfel und tauchte ihn in einen Kessel, in dem eine klebrige Flüssigkeit brodelte. Nach einer Weile nahm sie den Apfel wieder heraus und kicherte boshaft.

„Fertig!" rief sie triumphierend. „Der allerschönste Apfel der Welt. Wenn Schneewittchen hineinbeißt..., stirbt sie auf der Stelle!" Genüßlich schnupperte sie an der gefährlichen Frucht und freute sich an seinem makellosen Glanz.

„Hihihi, die Schönheit dieses Apfels wird die Schönheit von Schneewittchen besiegen... Und dann werde wieder ich die Schönste im Lande sein!"

Sie legte den Apfel wieder zu den anderen in den Korb, legte sich ein Tuch um die Schultern und ging los, um Schneewittchen in dem tiefen dunklen Wald hinter den sieben Bergen ausfindig zu machen.

In der Zwischenzeit feierten Schneewittchen und die sieben Zwerge nichtsahnend ein fröhliches Fest. Die kleinen Männlein waren alle ausgezeichnete Musiker und stellten eine Musikkapelle zusammen, zu deren Klängen die Prinzessin sang und tanzte, daß es eine Freude war.

Angsthase wollte mit Schneewittchen tanzen und stellte sich auf die Schultern von Hatschi, um so die Größe eines normalen Mannes zu erreichen. Da er aber immer wieder hinunterpurzelte, gab er es auf und tanzte mit ihr, ohne sie in den Armen zu halten.

Die Prinzessin fand ihren Tanzpartner sehr originell und lachte aus vollem Hals.

Als es Zeit zum Schlafengehen war, überließen die sieben Zwerge liebenswürdigerweise der Prinzessin ihr Schlafzimmer und verteilten sich, so gut es eben ging, im Erdgeschoß.

Und es geschah etwas sehr Merkwürdiges: Brummbär protestierte diesmal gar nicht!

Am nächsten Morgen, nach einem ausgiebigen Frühstück, verabschiedeten sich die Zwerge von Schneewittchen, um zu ihrer Arbeit im Bergwerk zu gehen.

Schneewittchen stand in der Tür und
gab jedem ein zärtliches Küßchen auf
das kahle Köpfchen.
„Trau niemandem!" riet ihr der Doktor.
„Mach keinem Unbekannten die Tür
auf, es könnte ein Häscher der Königin
sein!"

Die Prinzessin versprach, seinen Rat zu befolgen, und ging wieder ins Häuschen hinein.

Sie war gerade dabei, Brot zu backen, als sich ein schwarzer Schatten vor das Fenster schob. Schneewittchen hob den Kopf und konnte einen Angstschrei kaum unterdrücken, als sie vor sich die häßlichste Gestalt sah, der sie je in ihrem Leben begegnet war.

Die Vögel des Waldes ahnten, daß sich ein schreckliches Unheil über Schneewittchen zusammenbraute. Sie stürzten sich auf die Hexe und hackten gnadenlos auf sie ein.

„Hilfe, Hilfe!" schrie das greuliche Weib. „Ja, sieht denn keiner, daß es mir ans Leben geht!" Sie wimmerte ganz schauerlich, während sie versuchte, die Vögel abzuwehren.

Schneewittchen lief rasch aus dem Häuschen, um der Hexe zu Hilfe zu eilen und sie ins Haus zu führen.

„Ich danke dir, mein Kind", sagte die Hexe mit brüchiger Stimme. „Du bist sehr gut zu mir gewesen. Zur Belohnung schenke ich dir diesen Apfel."

Schneewittchen war etwas mißtrauisch und wagte nicht, ihn anzunehmen. Aber die Hexe drängte sie so sehr, daß sie ihn letzten Endes doch in ihre Hände nahm.

„Iß ihn gleich auf, mein Kind! Es ist der schönste, den ich in meinem Korb habe..." Schneewittchen überwand ihr Mißtrauen und führte den Apfel zu ihrem Mund.

In der Zwischenzeit liefen die Tiere des Waldes, so schnell sie konnten, den Zwergen nach. Als diese schon fast bei dem Stollen angekommen waren, wurden sie von den

Tieren umringt, die versuchten, sie in Richtung ihres Häuschens zurückzudrängen. Die Männchen waren sehr überrascht, bis der Doktor endlich herausfand, was das bedeutete.

„Schneewittchen ist etwas zugestoßen! Sie wollen uns zu verstehen geben, daß die Prinzessin in Gefahr ist!"

Augenblicklich machten sich die Zwerge auf den Weg zurück nach Hause. Als sie endlich ankamen, fanden sie die Haustür offen vor, und ein Angstschrei kam über ihre Lippen. Schneewittchen lag leblos auf dem Boden, und neben ihr sahen sie einen wunderschönen angebissenen Apfel.

Da hörten sie eilige Schritte auf den Wald zulaufen. Die Zwerge konnten gerade noch sehen, wie die Hexe im Wald verschwand. „Los, Freunde, hinterher!" schrie Brummbär und rannte ihr mit seinen Kameraden nach.

Die Hexe hüpfte über Stock und Stein, und als sie mit außerordentlicher Geschicklichkeit über einen Abgrund sprang, brach ein wildes Gewitter aus. „Verfluchte Zwerge", schrie sie. „Das werdet ihr mir noch teuer bezahlen!" Da wurde der Himmel von einem zuckenden Blitz erhellt, der genau in den Felsen einschlug, auf dem die Hexe stand. Mit einem wilden Schrei stürzte sie in die Tiefe. Sie hatte ihre bösen Taten mit dem Leben bezahlt.

Die sieben Zwerge kehrten traurig in ihr Häuschen zurück, und mit Hilfe der Waldtiere hoben sie Schneewittchen auf und legten sie auf ihre Bettchen. Obwohl kein Leben mehr in ihr war, sah sie noch immer wunderhübsch aus.

Am nächsten Tag zimmerten sie ihr einen gläsernen Sarg und brachten ihre Freundin darin auf eine Waldlichtung.

Hier wollten die Waldtiere die Prinzessin für immer bewachen. Weinend standen sie um den Sarg herum.

Da ritt ein stattlicher Prinz auf die Lichtung zu. „Schneewittchen!" rief er voller Schreck. „Jetzt habe ich dich überall gesucht, und nun, da ich dich gefunden habe, ist es zu spät!" Die Zwerge erzählten ihm, was sich zugetragen hatte, und der Prinz dankte ihnen für all das, was sie für Schneewittchen getan hatten. Dann beugte er sich über das Mädchen und küßte zum Abschied ihre leblosen Lippen.

Doch da geschah das Wunder! Denn ein Liebeskuß konnte den Hexenzauber des vergifteten Apfels lösen. Die Prinzessin streckte sich, schlug die Augen auf und fragte: „Wo bin ich? Was ist passiert!"

Es ist unmöglich, die Freude des Prinzen und der Zwerge zu beschreiben. Die Zwerge sprangen hoch und weinten und lachten gleichzeitig, während der Prinz Schneewittchen in seine Arme schloß und auf sein Pferd setzte. Die Stunde des Abschieds war nun gekommen. Die Prinzessin gab allen Zwergen noch einen Kuß und versprach, sie bald zu besuchen.Dann schlug das glückliche Paar den Weg zum Schloß des Prinzen ein, wo sie lange Jahre glücklich und zufrieden miteinander lebten.

Merlin und Mim

Wir befinden uns in England, wo das Land vor vielen, vielen Jahren noch jung und in zahlreiche Königreiche aufgeteilt war.
Vor einer kleinen Abtei lag ein riesiger Stein, auf dem ein Amboß stand. Dieser war von einem Schwert durchbohrt, das tief im Stein stak. Auf der Schwertklinge stand: „Wer es zustande bringt, dieses Schwert aus dem Stein zu ziehen, der wird König von ganz England sein."
Es gab viele, die versuchten, das Schwert herauszuziehen, aber immer ohne Erfolg.

Aus allen Teilen des Landes kamen Ritter, ihr Glück zu versuchen. Aber nach vielen Mißerfolgen wollte keiner mehr sein Glück versuchen, und die Legende geriet in Vergessenheit. Das im Amboß fest verankerte Schwert wurde von Efeu überwuchert, denn keiner machte sich mehr die Mühe, es sauberzuhalten.
Im tiefsten Wald, im Süden Englands, schleppte ein alter Mann mit einem langen, weißen Bart und einer Zipfelmütze auf dem Kopf, einen Kübel Wasser in seine Hütte.

Einen Teil des Wassers schüttete er in eine Teekanne. Dann legte er sein bestes Tischtuch auf und deckte den Tisch mit Tellern und Tassen. Während das Wasser in der Teekanne brodelte, setzte er sich nieder und wartete geduldig.

„Kommt Besuch?" fragte ein Uhu, der den Alten beobachtete. „Wer ist es denn?"

„Das weiß ich nicht, aber ich kann dir auf jeden Fall versichern, daß es sich um jemand Wichtigen handelt!"

Nicht weit von dem Ort entfernt lag ein kräftiger Bursche auf der Lauer. Ihn begleitete ein Knabe, der flink auf einen morschen Baumstamm geklettert war und seinen Kameraden nicht aus den Augen ließ. Der Bursche spannte den Bogen, und als er den Pfeil gerade loslassen wollte, brach der Stamm ab, auf dem der Knabe saß, und fiel krachend zu Boden. Der Pfeil des starken Burschen verlor sich zwischen den Ästen der nahen Bäume, und das Reh verschwand, durch den Lärm aufgeschreckt, im Dickicht.

„Tölpel!" schrie der Bursche. „Wegen dir habe ich das Reh verfehlt, und obendrein habe ich auch noch einen meiner besten Pfeile verloren!"

„Ich geh' ja schon und suche ihn, Kay, sei nicht böse!" sagte der Kleine und lief in den Wald hinein. Bald darauf suchte der Kleine den Pfeil eifrig unter den Bäumen. Schließlich sah er ihn hoch oben in einem Baum stecken. Flink kletterte er den Baumstamm hoch, aber gerade, als er den Pfeil schon fast mit den Fingerspitzen erreichen konnte, brach der Ast ab, der ihn hielt, und der Knabe stürzte in die Tiefe.

Der Kleine fiel durch ein weiches Strohdach und landete auf einem Sessel, der vor einem gedeckten Tisch stand.

Der Alte, der am anderen Ende des Tisches saß, machte sich daran, den Tee zu servieren und fragte ungerührt: „Wieviel Stück Zucker willst du, zwei oder drei?"

Der Knabe kam aus dem Staunen nicht heraus. Er war durch das Dach in ein Haus gefallen, hatte dabei fast einen Sessel zerschmettert, und niemand schien darüber erbost zu sein. Der alte Mann tat gerade so, als ob das das Normalste von der Welt wäre.

„Entschuldigen Sie", murmelte das Kind. „Ich versuchte gerade, einen Pfeil zu erreichen, der in einem Baum stak, doch dann ist der Ast abgebrochen, und..."

„Ich habe schon auf dich gewartet", sagte der Alte. „Wie heißt du denn?"

„Eigentlich Arthur, aber alle nennen mich Grillchen. Wer sind Sie denn?" fragte der Kleine und warf neugierige Blicke um sich. In dem vollgestopften Raum standen die merkwürdigsten Gegenstände herum.

„Oh, entschuldige bitte meine Unhöflichkeit! Mein Name ist Merlin, und von jetzt an bin ich dein Freund und Meister."

Er zeigte Grillchen alle seltsamen Gegenstände, die in seinem Haus herumstanden. Dann öffnete er eine Reisetasche, und alle Gegenstände, die in dem Zimmer waren,

und auch der Uhu verkleinerten sich und sprangen hinein.

„Es wird Zeit, daß wir gehen", meinte er.

„Wohin?" fragte Arthur verblüfft.

„Nun, zu dir nach Hause natürlich. Komm!" Grillchen wußte, daß Sir Hektor, der Burgherr, es nicht erlauben würde, daß Merlin und der Uhu bei ihm wohnten. Und wie es Grillchen erwartet hatte, so kam es auch.

„Raus hier!" schrie Sir Hektor, als er von dem Ansinnen des Alten hörte. „Grillchen braucht keinen Lehrer!"

„Da bin ich aber anderer Meinung", erwiderte Merlin höflich, murmelte einen Zauberspruch, und plötzlich begann es wie wild zu schneien. Sir Hektor war schon bald mit Schnee bedeckt und zitterte vor Kälte. „Ach, macht doch, was Ihr wollt!" rief er da.

„Aber bitte, stellt den Scheefall ab!"
„Herzlich gern! Dann werde ich also in
Eure Burg einziehen. Ihr braucht Euch
wegen mir keine Umstände zu machen,
ich führe ein sehr bescheidenes Leben."
Merlin wurde in einem halbverfallenen
Turm untergebracht, der jeden Augenblick einzustürzen drohte. Trotzdem war
der Zauberer zufrieden.
Nach und nach stellte Merlin seine
ganzen Sachen in der neuen Wohnung
auf, die bald genauso aussah wie die
Hütte im Wald, das heißt, so vollgestopft
von oben bis unten, daß man sich kaum
darin bewegen konnte.
Grillchen stieg jeden Tag in den Turm
hinauf, wo ihm der Meister Unterricht
erteilte. Merlin nahm seine Aufgabe als
Erzieher sehr ernst, und der kleine Arthur
war ganz begeistert von ihm und lernte
fleißig.
An einem sonnigen Vormittag spazierten
Meister und Schüler zusammen den Wassergraben entlang, der die Burg umgab.
Ab und zu sprang ein Fischlein aus dem
Wasser, um gleich wieder mit einem
Spritzer unterzutauchen. Diese kleine
Begebenheit war Grund genug für Mer-
lin, Arthur eine ausführliche Lektion über
die verschiedenen Fische und ihre
Lebensgewohnheiten zu erteilen.

Der Zauberer merkte, daß der Knabe nicht alles verstand, weshalb er ihm mit dem Stab auf den Kopf klopfte und sagte: „Es wird wohl am besten sein, wenn wir einen praktischen Unterricht machen."

„Wie denn das?" fragte Grillchen. „Wollen Sie die Fische denn hierherbringen, damit wir sie untersuchen und ihre Gewohnheiten studieren können?"

„Nein, denn wie ich dir schon erklärt habe, würden sie sterben, wenn wir sie aus dem Wasser holen würden", entgegnete Merlin.

„Nein, wir müssen zu ihnen gehen. Ich werde jetzt einen meiner Zaubersprüche sagen, und schon sind wir im Wasser! Aufgepaßt!"

Und einen Augenblick später hatte sich Grillchen in einen Goldfisch verwandelt, und Merlin schwamm als größerer Fisch ihm voran. Beeindruckt sah sich Grillchen um, und es begann für ihn der faszinierendste praktische Unterricht seines Lebens. Wie leicht war es doch, das Leben der Fische zu verstehen, jetzt, da er selbst einer war. Plötzlich fiel ein großer Schatten über unsere Freunde. Ein riesiger Hecht schwamm über ihnen, einer der gefräßigsten Fische, die es gibt. Er dachte schon, er hätte sein

Frühstück gefunden, als er die beiden Fische so arglos dahinschwimmen sah.

Merlin warnte seinen Schüler, sich sofort in Sicherheit zu bringen. Er selbst flüchtete unter einen alten Helm, der seit unendlicher Zeit auf dem Grund des Burggrabens lag. Das Fischlein mußte etliche Male geschickt ausweichen, um dem aufgerissenen Rachen des Ungeheuers zu entgehen. Grillchen hob einen abgebrochenen Speer von dem Grund des Wassergrabens auf und steckte ihn blitzschnell in das drohende Maul des großen Fisches.

Der Hecht brauchte aber nicht lange, um den Speer wieder loszuwerden, und wurde nun noch wilder. Grillchen flitzte hin und her, um den gefährlichen Zähnen auszuweichen, doch er schaffte es nicht, den Hecht abzuhängen. Dem Fischlein wurde klar, daß seine einzige Rettung darin bestand, an Land zu hüpfen, wo ihn der Hecht nicht erreichen konnte. Verzweifelt schwamm Grillchen an die Wasseroberfläche, wo glücklicherweise Archimedes auf ihn wartete und ihn im letzten Moment in Sicherheit brachte, bevor der Hecht zuschnappen konnte.

Archimedes legte Grillchen vorsichtig aufs Gras, aber jetzt hatten sie schon wieder ein Problem: Der Kleine war ja in ein Fischlein verwandelt und konnte außerhalb des Wassers nicht atmen.

Doch da schoß Merlin wie eine Fontäne aus dem Wassergraben, schon wieder in seiner normalen Gestalt und verwandelte das Fischlein in den Knaben zurück.

Es war inzwischen auch höchste Zeit, denn Grillchen hatte schon die fürchterlichsten Atemschwierigkeiten gehabt.

Dann kehrten sie in die Burg zurück, und Grillchen erzählte Sir Hektor sein Abenteuer. Der Graf dachte natürlich, daß sich der Kleine über ihn lustig machen wollte und schickte ihn zur Strafe in die Küche, wo er das ganze Geschirr spülen mußte.

„Dir werden die Flausen schon noch vergehen, wenn du erst die ganze Küche aufgeräumt hast", brummelte er. „An all diesem Unsinn in deinem Kopf ist nur dieser verschrobene Alte schuld. Leben unter Wasser! Wo hat man denn so etwas schon gehört?"

Grillchen schlich sich in die Küche, denn er sah ein, daß er keinen Glauben finden würde. Beleidigt begann er mit der Arbeit, die ihn den ganzen Tag beschäftigen würde.

Was stand da alles herum! Töpfe, Pfannen, Teller und Schüsseln, als ob hier seit Wochen niemand mehr gespült und aufgeräumt hätte. Die Küche sah aus wie ein Schlachtfeld, und er war zur Strafarbeit verdammt. Als der Zauberer seinen Schützling dort aufsuchte, war Grillchen sehr wütend über diese Ungerechtigkeit. „Du mußt geduldig sein", riet ihm Merlin. „Den gewöhnlichen Menschen fällt es schwer, an etwas zu glauben, das über ihre Vorstellungskraft geht."

„Ja, und ich muß deshalb Geschirr abspülen", murrte der Knabe und zeigte auf den riesigen Berg von Pfannen, Schüsseln und Tellern.
„Mach' dir deshalb keine Sorgen. Du wirst deinen Unterricht nicht wegen so einer Lappalie versäumen. Wir werden uns mit ein wenig Zauberei behelfen, damit wir genug Zeit für unsere normalen Beschäftigungen haben."
Und schon hatte er seinen Zauberstab in der Hand, und augenblicklich kam Leben

in das Küchengeschirr. Wie Soldaten marschierten die Teller auf einen riesigen Zuber zu.

Der Zuber war mit Seifenwasser gefüllt und die Teller wurden fest abgebürstet. Von dort aus gingen sie, ohne aus dem Takt zu kommen, zu den Küchentüchern, die sie sorgfältig abtrockneten. Und am Ende stapelten sie sich fein säuberlich in die Küchenregale. Die riesigen Pfannen, außen schwarz vom Ruß des Küchenfeuers und innen schmierig von den fettigen Speisen, gingen danach den gleichen Weg. Als sie an dem großen Zuber ankamen, sprangen sie eine nach der anderen hinein, worauf sie von den Bürsten tüchtig abgeschrubbt wurden. Selbst der ärgste Schmutz löste sich von den Pfannen, und sie blinkten und blitzten wie schon lange nicht mehr.

Auch sie stapelten sich fein säuberlich in den Regalen auf, und es war eine Freude mitanzusehen, wie geschickt sie sich dort ordneten, damit auch für die anderen noch genug Platz blieb.

Als Merlin sah, daß die Teller und Schüsseln, die Besen und Bürsten ihre Aufgabe zufriedenstellend erledigten, gab er Grillchen ein Zeichen, daß er ihm folgen sollte, und ging mit ihm in den nahen Wald.

„Hoffentlich geht kein Teller dabei kaputt", meinte Grillchen besorgt.

„Natürlich nicht, mein junger Freund", war die Antwort Merlins. „Diese Teller und Pfannen haben nämlich etwas, was so vielen Leuten fehlt: Pflichtbewußtsein! Es ist ihre Pflicht, sich zu spülen, ohne sich zu zerbrechen, und so werden sie es auch machen."

„Ich würde gerne ein Zauberer sein wie Sie!" seufzte Grillchen.

Merlin kicherte. „Am Ende würdest du dich bestimmt langweilen und dann vorzeitig alt werden", erwiderte er.

„Ich weiß gar nicht, was ich später einmal werden will, wenn ich groß bin", murmelte Grillchen und trat gedankenverloren nach den kleinen Steinen auf dem langen Weg zum Wald.

Der Zauberer hatte die Absicht, seinem Schüler das Leben der Eichhörnchen zu erklären; und da er auch hier kein besseres System finden konnte, als er es bei den Fischen angewandt hatte, verwandelte er sich selbst und Grillchen in Eichhörnchen.

In der Zwischenzeit übten sich Sir Hektor und Kay auf der Burg im Schwertkampf, als plötzlich eine Magd laut um Hilfe schreiend auf sie zulief. „Darf man wissen, was mit dir los ist?" fragte der Graf, während er den Helm abnahm.

„Geister!" rief die arme Frau völlig außer Atem. „Die Küche ist voll mit unsichtbaren Geistern, die das Geschirr waschen und den Boden kehren.

„Dieses Weib ist verrückt", bemerkte Kay unhöflich wie immer.

„Kommt und seht es euch selbst an!" rief die Dienstmagd verzweifelt. Der Graf setzt sich in Bewegung. „Es gibt keinen Geist, der uns aufhalten könnte!" rief er entschlossen.

Mit den Schwertern in den Händen machten sich Sir Hektor und Kay auf den Weg in die Küche. Sie mußten nur die ersten Stufen hinuntersteigen, um auch schon das Wunder zu sehen, das sich da abspielte.

„Ich wette, daß es sich wieder um eine der blöden Zaubereien von diesem bärtigen Alten handelt!" brummte Sir Hektor, während er gleichzeitig mit dem Schwert auf die Teller einhieb, die dort durch die Luft flogen. „Ich werde es euch schon zeigen!" schrie er zornig. „Ich werde euch erst gar nicht aus dem Zuber herauslassen! Mir werdet ihr nicht entkommen!"

Gesagt, getan. Der zornige Graf stellte sich neben den Zuber und hieb auf die Teller ein, sobald sie herauswollten.

Kay, der alles andere als ein Feigling war, kämpfte gegen die Pfannen und Töpfe. Es war der eigenartigste Kampf, den man im ganzen Mittelalter gesehen hatte.

Sir Hektor wurde von einem wilden Besenschlag in das Spülwasser des Zubers geschleudert, wo er sogleich von den Bürsten überfallen wurde. Diese erfüllten brav ihre Pflicht und bürsteten und schrubbten alles, was in ihre Nähe kam.

Als der Kampf am heftigsten tobte, kehrten Merlin und Grillchen zurück, die sofort sahen, was geschehen war.

Eine Handbewegung des Zauberers genügte, um die Ruhe wieder herzustellen. Alles wurde wieder normal.

„Eine Schande, was mir passiert ist!" empörte sich Sir Hektor. „In meinem ganzen Leben bin ich noch nicht so eingeseift und geschrubbt worden!"

„Vielleicht war es ja dann gar nicht so schlecht?" meinte Merlin.

„Sie haben Schuld an allem, was passiert ist!" brüllte der unbeherrschte Kay und zerbrach einen Besenstiel.

„Das stimmt nicht!" verteidigte ihn Grillchen. „Die Schuld liegt bei euch, weil ihr mich zu Unrecht bestrafen wolltet!"

„Oho, du Naseweis!" schrie ihn Sir Hektor an. „Jetzt habe ich aber bald genug von dir und deinem Unterricht und deinem Meister!" Doch kaum, daß er diese Worte gesprochen hatte, schielte er vorsichtig zum Zauberer hin, denn er wollte nicht wieder im Zentrum eines Schneesturms stehen.

„Keine Angst", lächelte ihn der Zauberer an. „Die Zeit der Schneestürme ist vorbei, was natürlich nicht für andere meteorologische Erscheinungen gilt, wie Hagel, Wirbelstürme oder dichten Nebel. Natürlich nur, wenn es die Umstände erfordern, meine Herren!"

„Nun, ich will ja gar nichts erfordern", lenkte Sir Hektor ein. „Mir wäre es nur eben lieber, wenn Grillchen ein ganz normales Leben führen würde."

„Normal ist, wenn ein Kind alles lernt, was man ihm beibringen kann", erwiderte der Zauberer. „Darum habe ich die Pflicht, ihn jetzt zu unterrichten, denn er ist gerade in dem richtigen Alter, um zu lernen. Später wird er noch genug arbeiten..., dort, wo es ihm zusteht." Mit diesen Worten verließ er die Küche und winkte Grillchen, ihm zu folgen.

Die darauffolgenden Tage verliefen ohne Zwischenfall, und Grillchen machte enorme Fortschritte, ohne daß es Kay oder Sir Hektor einfiel, ihn noch einmal zu bestrafen.

An einem Nachmittag holte Merlin Grillchen zu sich, um ihm die Geographie beizubringen. Als Grillchen sich vor Merlins Erdglobus setzte, wollte es ihm gar nicht in den Kopf, daß die Erde eine Kugel war und keine Scheibe, wie damals jedermann glaubte. Er konnte auch nicht begreifen, daß auf der anderen Seite der Welt Menschen leben sollten, denn in diesem Fall, so überlegte er, müßten ja alle mit dem Kopf nach unten hängen wie die Fliegen, wenn sie an der Zimmerdecke entlangspazierten.

Merlin war aber ein sehr geduldiger Lehrer und erklärte ihm alles so ausführlich, daß er es letztlich verstand.

Als guter Meister versuchte er dann noch, seinem Schüler die Gesetze des Luftwiderstandes und der Stromlinienform zu erklären und verwandelte ihn deshalb der Einfachheit halber in ein Vögelchen.

„Ich glaube aber, daß er von einem Vogel besser lernen kann, wie man fliegt", meinte Archimedes, der zusah, wie Merlin sich abmühte, Grillchen die Flügelbewegungen beizubringen.

„Wahrscheinlich hast du recht", seufzte der Zauberer. „Mach du mit dem Unterricht weiter."

Archimedes zeigte seinem Freund, wie er die Flügel und die Schwanzfedern benutzen mußte, und kurz darauf machte Grillchen schon ein paar kurze Flüge und wurde allmählich immer sicherer.

„Auf geht's! Jetzt machen wir einen richtigen Flug!" rief der Uhu begeistert und stieß in die Luft. Und schon flogen die beiden Seite an Seite dahin.

Plötzlich erschien ein mächtiger Adler über den beiden, der es auf sie abgesehen hatte.

„Flieh, Grillchen, flieh!" schrie Archimedes und versuchte, den Greifvogel von seinem Freund abzulenken.

In seiner Verzweiflung fand Grillchen keinen anderen Ausweg, als sich in den Schornstein einer Hütte fallen zu lassen.

Nachdem er sich den Ruß aus den Federn geklopft hatte, merkte er, daß er einer dicken Frau in die Hände gefallen war, die ihn in böser Absicht musterte.

„Tu mir kein Leid an", bettelte das Vögelchen. „Ich bin nicht das, wofür du mich hältst. In Wirklichkeit bin ich ein Knabe."

„Und wer hat dich in einen Vogel verwandelt? Ich glaube dir nicht."

„Es war mein Freund Merlin. Er ist ein mächtiger Zauberer, der..."

„Merlin!" kreischte die Alte. „Damit du es nur weißt, du Grünschnabel, mein Name ist Madame Mim, und ich bin die Erzfeindin dieses blöden Zauberlehrlings, den du Merlin nennst!"

„Warum sind Sie denn seine Feindin? Merlin ist ein so guter Mensch..."

„Das ist mir piepegal! Und da du sein Freund bist, werde ich mir das Vergnügen zugestehen und dich mit meinen eigenen Händen..."

„Laß meinen Freund sofort los, ehe ich zornig werde", hörte man plötzlich eine Stimme hinter der Hexe. Mim drehte sich blitzschnell um und sah den Zauberer genau vor ihrer Nase stehen.

„Was willst du denn hier?" kreischte sie mit ihrer brüchigen Stimme, während sie Grillchen losließ, um sich ihrem Feind zu stellen.

„Ich bin gekommen, um meinen Schüler zu befreien, koste es, was es wolle!"

„Das wird dir nicht gelingen! Vorher mußt du dich mit mir in einem Hexenturnier messen!" „Ein Hexenturnier!" rief Archimedes. „Das ist doch der schrecklichste Kampf, den man sich vorstellen kann!"

„Nun, wie du willst!" erwiderte Merlin. „Aber dann laß uns sofort beginnen!"

„Einverstanden, aber unsichtbar machen gilt nicht!"

„Und rosarote Drachen sind auch nicht erlaubt", ergänzte Merlin.

Danach gingen sie aufs freie Feld hinaus, stellten sich mit dem Rücken gegeneinander und zählten die vorgeschriebenen Schritte ab. Aber noch ehe sie mit dem Zählen fertig waren, verwandelte sich Mim schon in ein Krokodil, das Merlin den Kopf abbeißen wollte. „Vorsicht, Merlin, sie hat geschwindelt!" schrie Grillchen.

Der Zauberer bemerkte es gerade noch rechtzeitig und verwandelte sich blitzschnell in ein Kaninchen, schlug einen Haken und entkam so dem Rachen des Krokodils. Mim ihrerseits verwandelte sich in einen Fuchs, der das Kaninchen verfolgte. Daraufhin verwandelte sich Merlin in einen Jagdhund und jagte dem Fuchs hinterher.

„So kommen wir nie zu einem Ende!" rief Merlin und verzauberte sich in einen Krebs, der sich in einer Felsspalte versteckte.

„Du wirst mir nicht entkommen!" kreischte Mim. „Auch wenn du dich wie ein Feigling versteckst, anstatt mir offen entgegenzutreten!"

Mim verwandelte sich in ein Nashorn, stürmte auf den Felsen zu und ließ ihn in tausend Stücke zerspringen. Danach rannte sie wie verrückt gegen einen hohlen Baumstamm, der am Rande eines Abgrunds stand, und blieb darin stecken. Merlin nahm die Gelegenheit wahr, verwandelte sich in einen Ziegenbock und beförderte sie mit einem kräftigen Stoß in die Tiefe.

Darauf verwandelte sich Mim in einen fürchterlichen Drachen.

„Wir hatten ausgemacht, daß Drachen nicht erlaubt sind!" schrie Merlin.

„Rosarote nicht, aber von violetten war keine Rede", verteidigte sich die Hexe.

Da war Merlin plötzlich verschwunden. So sehr die Hexe auch suchte, sie konnte keine Spur von Merlin entdecken.

„Du bist es, der schwindelt!" protestierte Mim. „Unsichtbar machen gilt nicht!"

„Ich habe mich ja gar nicht unsichtbar gemacht! Ich habe mich nur in eine Mikrobe verwandelt, das kleinste Lebewesen, das es gibt!"

„Und was ist das für ein Ding?" fragte der Drachen, während er um sich herum den Boden absuchte.

„Bald wirst du seine Wirkung spüren, denn ich bin jetzt die Mikrobe des Drachenfiebers.“

Kurz darauf war Mim am ganzen Körper von roten Flecken übersät und fühlte sich so krank, daß sie aufgeben mußte. Ihre Gegner mußten sie ins Bett legen, denn sie hatte hohes Fieber.

„Die wird uns in nächster Zeit nicht stören“, meinte Merlin, als sie zur Burg zurückgingen.

Als sie in der Burg angekommen waren, hörten sie, daß ein Eilbote aus London dagewesen war. Er hatte eine höchst wichtige Nachricht überbracht. Die Edelleute Englands hatten beschlossen, in London ein Turnier zu veranstalten, dessen Sieger sie zum König machen wollten, um so ein für allemal die Bürgerkriege zu beenden, die das Land ins Elend stürzten.

Selbstverständlich sollte Kay am Turnier teilnehmen, denn mit seinen enormen Kräften hatte er gute Aussichten, die Krone zu erringen.

„Ich persönlich werde dich für das Turnier vorbereiten“, sagte Sir Hektor. Und als sein Blick auf Grillchen fiel, der gerade den Raum betrat, fügte er hinzu: „Und du, Grillchen, mach dich bereit. Von jetzt an bist du der Schildknappe Kays!“

„Schildknappe?“ fragte Grillchen verwundert. „Ja, werden wir denn an dem Turnier teilnehmen?“

Sir Hektor kicherte zufrieden. „So ist es, Kleiner! Und du wirst deinen Teil dazu beitragen, daß Kay als Sieger den Thron besteigen wird..., obwohl man von dir natürlich nicht allzuviel Hilfe erwarten kann.“

Merlin war allerdings nicht sehr erfreut. Als er hörte, daß sich sein Schüler mit der Rolle eines Schildknappen begnügen sollte, tobte er in seinem Zimmer herum und verschwand dann spurlos.

Das Turnier hatte begonnen, und die edelsten Ritter des ganzen Landes waren nach London gekommen. Kay, der keine große Erfahrung mit der Lanze hatte, hielt sich für den Schwertkampf zurück, denn in dieser

14

Disziplin war er sich sicher, als Sieger hervorzugehen.

„Es gibt keinen, der wie ich Tricks und Kniffe kennt. Der Sieg ist mir gewiß!" frohlockte Kay.

In diesem Augenblick brach einem der Ritter beim Schwertkampf die Waffe entzwei, worauf sich der Sieger dieser Runde dem nächsten Anwärter stellte. Aber bei diesem Kampf gingen die Schwerter der beiden Ritter zur gleichen Zeit zu Bruch.

„Ho, ho, ho!" lachte Kay schadenfroh. „Viel wert sind diese Schwerter wirklich nicht!"

„Es geht dem Ende zu!" schrie Sir Hektor.

„Von diesen Schwächlingen hier, hat keiner im Schwertkampf etwas zu melden. Mach dich fertig, bald bist du an der Reihe!"

Grillchen fuhr erschrocken hoch. Er hatte das Schwert in der Herberge vergessen.

„Kay", flüsterte er ängstlich. „Sei nicht böse, aber ich habe das Schwert vergessen. Ich will es gleich holen..." Ohne auf eine Antwort zu warten, rannte Grillchen los, um noch vor Kays Turnierbeginn wieder da zu sein. Doch als Grillchen vor der Herbergstür stand, fiel ihm das Herz in die Hose. Die Tür war abgeschlossen. Der Kleine war völlig verzweifelt. „Was soll ich denn nur tun? Das wird mir Kay nie verzeihen!" Angsterfüllt blickte er um sich und stieß dann plötzlich einen Freudenschrei aus. „Da drüben steht ja eins!" rief er. Tatsächlich stand nur wenige Schritte von der Herberge entfernt, vor einer kleinen Abtei, ein glänzendes Schwert in einem Amboß, der dort auf einem riesigen Stein stand. Der Junge rannte hin, nahm das Schwert in beide Hände und zog es sanft aus seiner Scheide.

Dabei fiel ein seltsamer Lichtstrahl auf ihn. Schwitzend und keuchend schleppte Grillchen das Schwert zu Kay. Natürlich wurde dieser zornig, als er sah, daß Grillchen ihm nicht sein Schwert brachte.

„Wo hast du denn das Schwert eigentlich her?" fragte Sir Hektor, der das Schwert genauer untersuchte, als plötzlich sein Blick auf die Inschrift fiel, und er erbleichte.

„Es steckte tief in einem Amboß gegenüber von der Herberge. Da sie geschlossen war, habe ich es ausgeliehen, damit Kay am Turnier teilnehmen kann."

„Es ist das Schwert vom Stein?" schrie Sir Hektor ungläubig.

Als die Leute das hörten, kamen sie näher, und schon bald hatte sich eine Menschenmenge um unsere Freunde versammelt. Sie brachen in schallendes Gelächter aus.

„Der Kleine soll das Schwert aus dem Amboß gezogen haben?" riefen sie.

„Laßt uns zur Abtei gehen!" schlug Sir Hektor vor. Schon kurz darauf hatten sich alle Turnierteilnehmer rund um den Amboß aufgestellt, und Sir Hektor hatte das Schwert bereits wieder in den Spalt zurückgeschoben. „Zieh es heraus", befahl er dem Knaben.

„Wenn der Kleine das konnte, schaff' ich das auch", brummte Kay und schob Grillchen beiseite. Er nahm das Schwert in beide Hände und zog daran..., aber die Waffe bewegte sich keinen Millimeter. Sir Hektor eilte seinem Sohn zu Hilfe, und beide erschöpften ihre Kräfte ohne Erfolg. Anschließend wollten es alle Anwesenden probieren, und nach einigen Minuten versuchte ein ganzer Haufen von Kämpfern mit

vereinten Kräften, das Schwert herauszuziehen. „Keiner von uns schafft das!" sagte einer von ihnen. „Laßt es den Knaben probieren!"

Und die Menschenmenge rief jetzt laut: „Der Knabe soll es probieren! Der Knabe!" Die Kämpfer gaben den Weg frei, damit Grillchen das Schwert erreichen konnte. Er kniete sich mit einem Bein auf den Amboß, nahm den Schwertgriff in seine Hände und zog sanft daran.

„Sieh mal einer an!" murmelte Arthur mit leicht erstauntem Lächeln. „Jetzt habe ich es wieder herausgezogen, ohne daß ich mich anstrengen mußte..." Es herrschte eine überwältigende Stille unter den Zuschauern, als ein glänzender Lichtstrahl die Wolken durchbrach und auf den Knaben fiel, der das Schwert in der Hand hielt.

„Hoch lebe der König von England!" schrie eine Stimme.

„HOOOCH!!!" antworteten die anderen wie aus einem Mund.

Sir Hektor fiel vor dem Knaben auf die Knie und murmelte sichtlich ergriffen: „Ich heiße dich willkommen, Arthur, König von England!"

Einer nach dem anderen fielen die Edelleute auf die Knie. England hatte endlich einen König.

Arthur, der nun nicht mehr Grillchen genannt wurde, kehrte nie mehr in die Burg zurück. Er wohnte jetzt in einem prächtigen Palast in London und trug kostbare Kleider aus Brokat mit einem hermelinbesetzten Samtmantel darüber, wie es sich für einen König gebührte. Dennoch vermißte er Merlin und fühlte sich auch sonst sehr einsam.

„Ach, Archimedes, nur du bist mir geblieben", seufzte er. „Mach' dir keine Sorgen, Merlin kommt zurück, das weiß ich sicher", tröstete ihn der Uhu. Und kaum hatte er diese Worte gesprochen, als der Zauberer erschien.

„Ach, Arthur, was war ich doch für ein Dummkopf", begrüßte er ihn. „Ich wußte zwar immer, daß du etwas Besonderes bist, aber nie wäre ich darauf gekommen, dich mit Arthur, dem König der Tafelrunde, in Verbindung zu bringen. Aber das muß ich dir alles noch genauer erklären. Auf jeden Fall wirst du einer der sagenhaftesten Könige von England sein, und die großartigsten Ritter werden in deinen Diensten stehen."

Merlin hieß den Knaben, den Thron zu besteigen, nahm die schwere Krone und setzte sie ihm auf. „Eine große Verantwortung ruht jetzt auf deinen Schultern, Arthur. Aber ich werde dir immer mit Rat und Tat zur Seite stehen." Lächelnd betrachtete er den Knaben. „Ich heiße dich willkommen, Arthur, König von England!"